东北电力大学博士科研启动基金项目《我国对外贸易的环境污染效应》(项目编号：BSJXM201517)；吉林省教育厅“十三五”环境约束下吉林省农业全要素生产率测度及提升对策研究（项目编号：吉教科文合字【2016】50号）

WOGUO DUIWAI MAOYI YU
HUANJING WURAN WENTI YANJIU

我国对外贸易与环境污染问题研究

独孤昌慧◎著

人民出版社

前 言

经济学界对环境问题的关注由来已久,1920年,庇古将环境污染作为外部性问题进行研究;20世纪60年代,生态经济学产生;1968年“罗马俱乐部”成立,1972年该组织发表《增长的极限》一书;20世纪70年代,环境经济学应运而生;20世纪80年代以来,环境污染与贸易问题的交锋尤为突出,环境保护主义者和自由贸易者各执一词。环境保护主义者认为20世纪末产生了很多国际性的环境问题,如全球变暖、生物多样性的减少、水污染等,从性质上来讲环境污染是跨国的,环境问题已经演变成国际问题,需要国际间的相互合作。环境保护主义者认为,尽管贸易促进了经济发展,但也会消耗大量资源,产生更多的污染物,不加管制的贸易会使环境问题恶化。而许多经济学家并不认为贸易对环境不利,相反,他们认为长期内贸易会对环境有益。大多数经济学家认为制定国际贸易规则的逻辑同样适用于环境保护规则的制定,贸易与环境问题必须联系在一起共同考虑。

改革开放40年来,我国作为发展中国家,经济高速增长,对外贸易更是取得巨大成就,但是随着经济增长和对外贸易的扩张,我国污染排放总量也位居世界前列。那么我国对外贸易和环境污染之间是何种关系与存在?基于这样的疑问,本书尝试探讨对外贸易对我国环境污染的问题,并在此基础上提出可行性政策建议。

本书主要分为六章,第一章介绍研究的背景和意义,梳理已有的理论和成果,概述对外贸易与环境污染问题相关理论。第二章重点阐释对外贸易与环境污染的一般均衡模型以及以投入产出表为基础的对外贸易隐含污染分析方法。第三章立足于我国对外贸易和环境污染的现状,就我国对外贸易发展和环境污染状况进行了数据整理和挖掘。第四章研究对外贸易的环境影响效应，借鉴对外贸易与环境污染的一般均衡模型，分别从省级和工业行业面板数据两个角度研究我国对外贸易的环境效应，包括规模效应、结构效应、技术效应、贸易壁垒效应、垂直专业化分工效应等。第五章运用单区域竞争型投入产出方法研究我国对外贸易含污状况。从总量看，我国出口含污量大于进口含污量；从时序看，进出口含污都呈现下降态势；从含污部门分布看，进出口含污主要集中在进出口贸易规模较大的部门，如通信、纺织、化学等部门；从影响因素看，我国对外贸易规模促进了对外贸易含污量的增加，技术进步抑制了对外贸易含污量的增长，对外贸易结构转变与优化对贸易隐含污染的作用还非常有限。第六章运用多区域非竞争型投入产出方法研究我国与主要国家对外贸易含污状况，本章引入真实反映一国贸易额的增加值贸易核算体系，考察和分析我国与美日韩增加值贸易含污状况。我国与美日韩增加值贸易额与总值贸易额存在不同程度的差距，贸易规模存在"缩水"现象；增加值出口含污远远高于增加值进口含污，增加值进出口含污的差距一方面体现了增加值出口和进口的差距，另一方面也凸显了我国同美日韩三国清洁生产技术方面的差距；在影响我国增加值贸易含污的因素上，技术进步起抑制污染排放作用，贸易规模因素起促进污染排放作用，贸易结构因素的影响尚不明显。

最后，在总结本书的基本观点和结论后，本书就控制并减少对外贸易给我国环境造成的负面影响提出了相关建议和措施。对外贸易规模的快速扩张确实对我国环境造成了一定程度的影响，但是对外贸易所引致的技术进步、垂直专业化分工等又起到了缓解环境质量恶化的作用，因此，适当的做法是适时调整我国对外贸易增长方式，调整对外贸易结构，积极利用对外贸易引致的技术进步抵消贸易规模扩张对环境的消极作用。

由于作者水平有限，本书存在很多不足和尚待深入研究之处。在对外贸易和污染的一般均衡分析中，本书并没有对发展中国家对外贸易和污染的特性做深入挖掘。在以增加值贸易为基础的对外贸易含污量计算方面，研究了美日韩三国，对其他贸易伙伴国研究不足。在实证研究方面，因年限较短，需要数据拓展。在政策及建议方面，笔者虽对所研究问题进行了较全面分析和研究，结论也具有一定的现实意义，但由于笔者实际考察和经验不足，本书所提的政策启示亦具有一定的局限性。

目　　录

第一章　导　论

一、研究背景

20 世纪中期以来全球环境问题日益凸显，全球气候变暖、生物多样性减少、森林锐减、水污染、土地荒漠化等问题日益加剧。人们逐渐认识到，不考虑环境和资源因素的经济增长具有片面性和不可持续性，因而对环境问题的重视程度日渐加深。

进入 20 世纪 80 年代以后，环境与对外贸易的冲突也日益增多，最初体现在有关环境的贸易争端上，如美国和墨西哥金枪鱼—海豚事件，泰国虾的贸易禁运，欧盟牛肉风波，等等。2001 年开始的新一轮多边贸易谈判“多哈回合”的议题之一就是贸易与环境问题。自由贸易主义者和环境保护主义者围绕着自由贸易对环境是否有利、贸易政策与环境保护、环境规则和贸易规则孰先孰后等问题进行了激烈交锋。

目前我国经济社会发展面临的状况是经济增长、对外贸易扩张与资源环境压力并存的局面。一方面，对外贸易迅猛发展，在规模上，出口规模高居世界首位，2015 年我国进出口总额为 39530 亿美元，是 1978 年的 191 倍；在速度上，对外贸易的增长速度约为 GDP 增长速度的 1. 32 倍；在外贸依存度上，依存度从 1978 年的 9%上升到 2015 年的 50%①；在出口结构上，工业制成品占出口总量的 90%以上，出口的优势部门逐渐从劳动密集型产业向资本密集型产业转变，其中高耗能、高污染、资源型等产品出口占据了不小的份额，如机

① 进出口贸易数据来自 2016 年《中国统计年鉴》。

电、纺织、运输、钢材、化工产品都位居出口产品前列。经过多年对外贸易的发展,我国已经成为“世界工厂”。另一方面,我国经济运行中环境资源压力日益增大,其中对经济增长起着突出贡献的对外贸易扩张无疑进一步带来大量能源消耗和污染排放,我国各种污染物排放总量居世界前列。1990—2015 年工业废气排放量增加了 8 倍,工业固体废物产生量增加了 6 倍①。根据欧盟委员会公布的各国环境污染数据,我国几种主要大气污染物不仅排放量高且增长迅速,2000 年 SO_X 排放量为 2024 万吨,到 2009 年这一数值猛增为 4235 万吨;同期 CO_2、N_2O、NO_X、CO、NMVOC 的排放量均出现 1—2 倍的增长,而反观我国主要贸易伙伴国的主要污染气体排放却出现明显下降趋势,如同期美国 SO_X 排放量下降了 33%,CO_2 下降了 9%,N_2O 下降了 12%,NO_X 下降了 30%,CO 下降了 36%,NMVOC 下降了 17%②。

我国对外贸易扩张伴随着环境污染恶化的局面不能不引起我们对我国对外贸易和环境污染问题的思考,对外贸易的迅猛扩张到底对我国环境污染有着怎样的效应？我国庞大贸易顺差背后是否隐含着相应的环境代价？本书将对此问题展开深入研究和探讨。

二、研究意义

目前我国学术界由于研究方法及研究视角不同,对我国对外贸易的环境污染效应、我国对外贸易隐含污染等问题的研究存在不同程度的差异,相关问题研究尚不够全面和系统,本书立足于我国对外贸易和环境污染的现实情况,对此问题进行系统研究和深入分析,具有重要的理论和现实意义。

从理论角度来看,首先本书在对外贸易与环境污染一般均衡模型上,从全要素生产率角度设定技术效应,对以往在技术和规模效应上较模糊的界定进行了区分,同时结合我国工业部门垂直专业化分工趋势,明确对外贸易对我国环境污染几种典型效应的作用方向和程度。其次使用单区域竞争型和多区域

① 工业废气、工业固体废物数据来源于历年《中国环境统计年鉴》。

② 污染物排放量来自 WIOD 数据库中各国污染排放数据,见 http://www.wiod.org/database/eas13,该数据库目前截至 2009 年。

非竞争型投入产出表,综合考察我国对外贸易隐含的污染问题,研究体系比较完整,研究方法比较全面,研究结果具有一定借鉴意义。最后将增加值贸易引入分析,增加值贸易核算体系侧重计算对外贸易中的价值增值部分而不是总量部分,鉴于我国存在的大量加工贸易的事实,因此引入增加值贸易方法能够还原我国对外贸易的真实价值增值,在此基础上本书就我国与主要贸易伙伴国的增加值贸易含污及影响因素进行研究,这对正确认识和判断我国对外贸易的环境代价具有重要意义。

从现实角度来看,近年来随着我国经济和对外贸易的发展以及伴随而来的环境质量恶化,有关对外贸易与环境污染问题的讨论不绝于耳,甚嚣尘上。因此本书研究有利于厘清对外贸易对环境污染造成的影响效应、我国对外贸易所承担的环境代价,认识到转变对外贸易增长方式、优化对外贸易结构的必要性和紧迫性,并有助于从环境保护角度调整贸易政策导向,推动对外贸易和环境的和谐发展。

三、国内外研究现状

(一)对外贸易环境污染影响效应相关研究

从20世纪八九十年代开始,对外贸易与环境关系成为国际学术界研究的热点问题之一。对外贸易对环境到底是“有害”还是“有利”,这一直是经济学界争论的问题,目前国外学术界大体分为三类,有害论、有益论和复杂论。

第一种观点“有害论”认为对外贸易对环境有害。有害论对贸易自由化带来的经济增长和环境保护之间关系提出了疑问,认为贸易增长既不能有效地促进社会福利的改善,更不利于环境保护,对发展中国家来说,自由贸易的破坏性更加突出。第二种观点“有益论”认为自由贸易不是产生环境污染的原因,自由贸易不仅不与环境相冲突,还可以促进环境保护。他们提出了“经济发展决定论”,自由贸易不仅通过提高收入使人们有更多的资源和技术来改善环境,还有利于清洁技术、产品和服务在国际间的交换。第三种观点为“复杂论”,是格罗斯曼(Grossman)和克鲁格(Krueger)在研究北美贸易自由区的环境与贸易的关系时提出的①。不同于自由贸易对环境单方面的有益和有害,他们将贸易对环境的影响效应主要分为规模效应、结构效应、技术效应三个方面,总效应取决于三个效应的正负和大小。

自由贸易对环境的规模效应(scale effect)是指在技术水平和贸易结构不变的情况下,贸易会促进经济活动规模扩大,随着生产的增加、经济规模的扩大,自然资源的使用数量和污染物的排放也会随之增加。规模效应的另一个结果是收入的增加,根据环境库兹涅茨曲线 EKC 的结论,收入增加到某一个拐点后,收入的增加对环境改善有利。这可以算作规模扩大对环境造成的间接改善,综合起来经济规模的增加对环境的效应可以为正、也可以为负,短期内看一般为负。

自由贸易对环境的结构效应(composition effect)来自专业化生产,在自由贸易下,各国专注于生产具有比较优势的产品。如果一国的比较优势源于该国较松的环境规制,则国际贸易对环境有害。在一定条件下另一国也会专门生产环境标准较低的产品,出现向“底部竞争”的状态,因此贸易的结构效应需要依据具体情况而定。

技术效应(technique effect)是指贸易引致的清洁技术的使用,一是技术的扩散效应,外国投资者给东道国带来更先进的技术;二是东道国随着收入的提高,自身对清洁技术需要增加,东道国将实行更严格的环境标准,使得环境得以改善。贸易引致的清洁技术的使用,将会减少环境破坏,通常技术效应对一国环境保护有利。对外贸易对环境的总效应取决于规模、结构和技术三种效应的比较。贸易对环境的三种效应在 20 世纪 90 年代以后被学者广泛运用,成为目前研究贸易环境效应的基本分析框架。

我国学者研究对外贸易与环境的关系起步比较晚,但近几年研究视角、研究对象、研究方法逐渐丰富起来,取得了不小的进展。国内学者有关的实证研究大都借鉴 ACT 模型,不同的是针对我国经济和对外贸易状况增加了与中国相关经济和对外贸易情况相符的变量,以期使模型更加贴近我国的实际,一般

---

① Gene M.Grossman,Alan B.Krueger,Environmental impacts of a North American Free Trade Agreement,NBER Working Paper,No.3914,1991.

结论为规模效应加剧了我国环境质量的恶化,而技术效应在一定程度上具有污染减排作用,结构效应的影响不稳定。

(二)对外贸易隐含污染问题相关研究

对外贸易隐含污染问题,主要包括贸易隐含碳、隐含 SO_2 和其他隐含污染等,使用的主要方法为投入产出方法。投入产出模型是20世纪由美国著名经济学家里昂惕夫提出的,该模型最初应用于国民经济核算,在20世纪70年代,由于经济、能源、环境等问题日益突出,很多经济学家将投入产出模型应用于能源经济及环境经济学中来分析能源消费、碳排放、环境污染问题。

国内外关于贸易含污量的研究目前分为两个方面,第一类利用单区域投入产出方法,该方法在计算某国贸易含污量只采用该国一张投入产出表,特别是在测算进口产品隐含污染时,利用的是“进口替代”方法,即认为进口产品若在本国生产,会使用本国的技术,消耗本国的资源,也会在本国排放污染物,从这个角度来看,进口产品所含污染是本国污染的减少量。第二类方法是利用多区域投入产出表,利用本国投入产出表测算本国出口产品含污量,利用贸易伙伴国投入产出表测算进口产品含污量。利用单区域和多区域方法研究贸易含污量的文献比较多,也是目前国内外研究隐含污染的主流方法之一。

除单区域和多区域投入产出表的区分之外,投入产出表还可以区分为竞争型(进口)投入产出表和非竞争型(进口)投入产出表。竞争型投入产出表在中间投入部分没有区分进口投入和国内产品投入,非竞争型投入产出表的中间投入区分为国内中间投入和进口品中间投入。显然两种处理方式精确度不同,采用竞争型(进口)投入产出表计算隐含污染将一部分进口中间产品含污也计算到出口隐含污染中,有重复计算部分。值得注意的是还有另一个有趣的分支,是从地域角度,研究某个国家或地区不同区域组成部分的对外贸易含污量,这方面的研究近几年才开始开展。

近几年我国学者运用投入产出法对贸易隐含污染的研究逐渐增多,国内学者目前局限于利用投入产出表计算贸易的隐含能源消费量、贸易隐含碳、贸易隐含二氧化硫等,主要也分为单区域和多区域投入产出两种方法。

第一类利用单区域投入产出模型的文献比较多,主要研究我国对外贸易各个工业部门污染含量及我国对外贸易含污总量。如沈利生、张友国、彭水军、李小平、张昭利等的分析都是基于单区域投入产出法。沈利生、唐志以二氧化硫为例首先测算了进出口对外贸易的二氧化硫含量，结果显示我国出口排放二氧化硫小于进口排放，净出口排放为负，贸易顺差对应着环境“逆差”①。学者李小平基于垂直专业化分工的环境投入产出模型计算我国对外贸易隐含二氧化碳，认为对外贸易有利于我国环境质量的改善②。学者张友国的研究表明2005年以后我国贸易含碳量为正，其中制造业的出口含碳量远远大于其他产品和服务业的出口含碳量，并且含碳量在逐年增加。因此，需要改变我国国际分工格局，优化对外贸易结构，增加高技术、高附加值产品的出口，增加服务业出口，同时需要适当抑制化学、矿物制品等产业的贸易规模③。学者彭水军、刘安平的研究发现对外贸易对我国环境的影响是消极的，对外贸易对环境有负面作用主要有两方面原因，原因之一为出口规模的增长超过了技术进步和对外贸易结构优化的速度，原因之二为出口规模增长比进口规模增长快，而出口结构优化却滞后于进口结构优化。因此要不断加强清洁技术的使用，加强环境规制，调整对外贸易结构，改善我国的环境贸易条件④。学者张昭利等利用投入产出模型，计算了不同工业部门的二氧化硫含量，结果是大部分行业的出口二氧化硫含量大于进口含量，并且进出口的污染含量的总额都在增长，他认为贸易规模的快速扩张、巨额的贸易顺差是含污量上升的主要原因，因此要调整进出口产品结构，短期改变“奖出限入”的对外贸易政策，要限制“高耗能、高污染、资源型”产品的出口，长期内调整产业结构和贸易结构，增加服务业出口比重⑤。

---

① 沈利生、唐志：《对外贸易对我国污染排放的影响——以二氧化硫排放为例》，《管理世界》2008年第6期。

② 李小平：《国际贸易中隐含的CO_2测算——基于垂直专业化分工的环境投入产出模型分析》，《财贸经济》2010年第5期。

③ 张友国：《中国贸易含碳量及其影响因素——基于（进口）非竞争型投入产出表的分析》，《经济学季刊》2010年第7期。

④ 彭水军、刘安平：《中国对外贸易的环境影响效应——基于环境投入产出模型的经验研究》，《世界经济》2010年第5期。

⑤ 张昭利、朱保华、任荣明、朱晓明：《贸易对我国二氧化硫污染的影响——基于投入产出的分析》，《经济理论与经济管理》2012年第12期。

第二类采用多区域投入产出法，虽然相对比较少，但是近几年也逐渐成为学者研究的热点之一。多区域方法主要应用于双边贸易含污量，多见于分析我国与主要贸易伙伴国如美、日、欧的双边贸易含污量。以学者倪红福为代表的一些学者的研究表明我国经过对外贸易“进口”了大量污染物，给我国环境增加了压力。从污染的国别流向来看，我国与主要贸易伙伴国都存在净含污量为正的情形，即我国承担净污染，其中美国和日本最为突出。他进一步利用结构分解法，发现贸易规模是出口隐含污染增加的因素，节能减排技术的使用可以抑制隐含污染的增加①。学者吴英娜、姚静利用多区域投入产出测算中美之间贸易含污量，结果表明中美之间随着对外贸易存在着大量的污染转移，我国对美由于巨额贸易顺差而承担了大量的碳排放，中美之间存在污染天堂效应②。学者陈红蕾、翟婷婷测算了中澳进出口贸易隐含碳排放，结果发现2007 年以前在中澳双边贸易中，我国贸易净隐含碳为正，2007 年以后为负，说明我国从 2007 年以后转移了碳排放，我国在中澳贸易间成为环境受益国③。学者王菲、李娟运用投入产出模型，分析了中日出口贸易中隐含的碳排放，结果显示中国承担的隐含碳数量比较大，通用及专用设备制造业、化学制造业、服装皮革羽绒及其制品业承担了较多隐含碳④。学者赵玉焕、李洁超利用多区域投入产出模型对中美贸易隐含碳进行了计算，结果显示出口隐含碳和进口隐含碳都出现大幅度增长，净隐含碳被我国承担⑤。

目前关于我国对外贸易含污量的研究表明，对外贸易含污量在不同年份体现不同的特点，一般的结论是从 2007 年以后，我国对外贸易含污量开始下降。总体来讲与主要贸易伙伴国的净含污量还是为正，对个别国家净含污量

---

① 倪红福、李善同、何建武：《对外贸易隐含 SO_2 测算及影响因素的结构分解分析》，《统计研究》2012 年第 7 期。

② 吴英娜、姚静：《中美进出口贸易中隐含碳的研究——基于贸易污染条件的分析》，《宏观经济研究》2012 年第 12 期。

③ 陈红蕾、翟婷婷：《中澳贸易隐含碳排放的测算及失衡度分析》，《国际经贸探索》2013 年第 7 期。

④ 王菲、李娟：《中国对日本出口贸易中的隐含碳排放及结构分解分析》，《经济经纬》2012 年第 4 期。

⑤ 赵玉焕、李洁超：《基于技术异质性的中美贸易隐含碳问题研究》，《中国人口·资源与环境》2013 年第 12 期。

为负。目前国内大部分文献所选用的环境污染物集中于二氧化碳和二氧化硫，污染物指标较少。

上文对对外贸易环境污染效应和对外贸易隐含污染两个方面文献进行了系统性的综述，目前学术界在以上两个方面都取得了非常丰富的成果，但还存在改进之处。

在第一方面关于对外贸易环境污染效应的研究综述中，理论上建立一般均衡模型，模型的重点在于解释对外贸易对环境的规模、结构和技术等几个效应；实证上采用的样本和计量方法不同，往往得出的结论不尽相同。目前很多学者通常将技术效应和规模效应用一个变量来统一表示，结论自然而然就是技术和规模效应的共同作用，这就模糊了技术和规模效应，难以发现技术和规模效应的实际作用。本书试图从变量选择上解决这一问题，并尝试区分技术和规模效应的大小。

在第二方面有关对外贸易隐含污染的研究综述中，发现利用投入产出方法测算贸易隐含污染是国内外目前的主流方法，在投入产出方法中主要分为单区域和多区域两种方法。多区域投入产出法使用多张投入产出表，考虑到不同国家技术水平和能源使用的差异，这样测算的结果更加精确，更契合实际，计算也繁杂。但是不能因此而否认单区域投入产出法，因为两者考察的角度和出发点不同，结论也不完全相似。无论单区域和多区域投入产出法，主要测算对象是某些产业部门能源消费量及含污量，进而才能计算进出口含污总量。本书尝试从单区域和多区域两个角度来较全面地研究我国对外贸易隐含污染问题，并进一步利用因素分解法探讨影响隐含污染的因素。

四、研究方法

在对我国对外贸易发展和环境污染变动数据整理基础上，本书首先基于对外贸易与环境污染的一般均衡模型，利用实证回归检验和探讨我国对外贸易的环境污染效应，其中特别地区分规模效应和技术效应，同时结合我国对外贸易垂直专业化分工的趋势，综合分析对外贸易的几种环境污染效应。

其次，探讨我国对外贸易隐含污染，从单区域和多区域投入产出两个角度展开；在单区域竞争型投入产出分析中，着重探讨我国对外贸易隐含污染及影响因素；在多区域非竞争型投入产出分析中，着重探讨我国与主要贸易伙伴国的贸易隐含污染状况，这里特别根据增加值贸易核算方法，测算并探讨增加值贸易含污。

最后，结合对外贸易的环境效应、对外贸易隐含污染的结论，探讨促进对外贸易和环境和谐发展的对策建议。

第二章　对外贸易与环境污染问题相关理论

一、对外贸易环境影响效应的理论模型

在关于对外贸易对环境影响效应的一系列阐述和文献中，安特威勒(Antweiler)、科普兰(Copeland)和泰勒(Taylor)提出的模型影响最大，使用最为广泛①。笔者主要采用他们的模型作为进一步研究的理论基础。

(一)污染供给

假设某开放经济小国，人口数量为 N，生产两种最终产品 X 和 Y，使用两种基本生产要素劳动 L 和资本 K 进行生产。X 为资本密集型产品，污染是其附带品，Y 是劳动密集型产品，不产生污染。假设规模报酬不变，那么生产 X 和 Y 的生产技术可以表示为单位成本函数 $c^X(w,r)$ 和 $c^Y(w,r)$。w 和 r 分别表示劳动和资本的边际报酬，即工资和利息。用 p 代表 X 相对于 Y 产品的相对价格。由于国家之间存在贸易壁垒等因素，国内价格和国际价格存在差距，记为 $p=\beta\times p^W$，p^W 为产品 X 相对世界市场价格。β 衡量贸易壁垒的重要程度，如果该国进口 X，则 $\beta>1$，如果该国出口 X，则 $\beta<1$。

用 Z 代表污染排放，是由生产 X 所产生的。因为企业要为污染减排支付

---

① Antweiler, W., Copeland, B.R., Taylor, M.S., "Is Free Trade Good for the Environment?", *American Economic Review*, 2001, 91(4): 877-908.

成本,因此可以把污染减排行为也视为一种要素投入。企业 X 的总产量为 x,其中 x_a 部分用于减排,净产出为 $x-x_a$,用 $\theta=x_a/x$ 代表减排强度。如果污染排放与产出成比例变化,并且减排的规模报酬不变,污染可以表示成式(2.1):

$$Z = e(\theta)x \tag{2.1}$$

$e(\theta)$ 表示每单位产品 X 的污染排放,是 θ 的减函数。

政府使用污染排放税收 τ 来治理污染。产品 X 的总利润函数为收益减去要素支付和污染税。

$$\pi^x = p^N x - wLx - rKx \tag{2.2}$$

其中 $p^N=p(1-\theta)-\tau e(\theta)$,$p^N$ 为总产出的净生产者价格。厂商选择 x 和 θ 实现利润最大化,由于规模报酬不变,厂商的私人产出是不确定的,对于任意产量,关于 θ 的利润最大化的一阶条件为:

$$p = -\tau e'(\theta) \tag{2.3}$$

可以改写为 $\theta=\theta(\tau/p)$,$\theta'>0$,单位产出的污染排放改写为 $e(\theta)=e(\tau/p)$,$e'<0$。完全竞争条件下,厂商的利润为 0,单位产品价格等于边际成本,则有:

$$\begin{aligned} &p^N=c^X(w,r)1=c^Y(w,r) \\ &K=c_r{}^X x+c_r{}^Y yL=c_w{}^X x+c_w{}^Y y \end{aligned} \tag{2.4}$$

1. 消费者

消费者只是从对污染的偏好方面进行区分,假设有 2 组消费者,第一组是绿色消费者 N^g 对环境问题非常介意,第二组 N^b 对环境污染不介意,$N=N^b+N^g$,消费者 i 会最大化其效用。

$$V^i(p,G/N,z) = u\left[\frac{G/N}{\rho(p)}\right] - \delta^i z \tag{2.5}$$

其中,G 为国民总收入,G/N 则为人均国民收入,$\rho(p)$ 为价格指数,δ^i 为单位污染对效用的影响程度,效用函数 u 为递增的凹函数。设人均收入的实际量为 $I=(G/N)/\rho(p)$,效用函数简化为 $u(I)-\delta^i z$,δ^i 为单位污染对效用的影响程度,i=[g,b],有 $\delta^g>\delta^b$。

2. 政府行为

政府为了达到全社会效用最大化,需要选择一个最优污染税水平。社会福利函数表示为：

$$\max_{\tau} = N[\lambda V^g + (1-\lambda)V^b] \quad (2.6)$$

用 $R(p^N,K,L)$ 代表私人部门收入，国民总收入是私人部门收入加上污染税总量，$G=R(p^N,K,L)+\tau z$。

通过社会福利函数最大化的一阶条件得到：

$$u'(I)\frac{dI}{d\tau} - [\lambda\delta^g + (1-\lambda)\delta^b]\frac{dz}{d\tau} = 0 \quad (2.7)$$

如果世界市场价格固定，则有：

$$\frac{dI}{d\tau} = \frac{1}{N\rho(p)}[R_{p^N}\frac{dp^N}{d\tau} + z + \tau\frac{dz}{d\tau}] = \frac{\tau}{N\rho(p)}\frac{dz}{d\tau} \quad (2.8)$$

将上式带回到一阶条件中，整理得到：

$$\tau = N[\lambda MD^g(p,I) + (1-\lambda)MD^b(p,I)] \quad (2.9)$$

$MD^i(p,I)=\delta^i\dfrac{\rho(p)}{u'(I)}$为边际损害，因为效用函数为凹函数，则有 $MDi(p,I)>0$。

若设 $T = N\lambda\delta^g + N(1-\lambda)\delta^b$，$\varphi(p,I) = \dfrac{\rho(p)}{u'(I)}$

$$\tau = T\varphi(p,I) \quad (2.10)$$

(2.10)式即为污染供给曲线。

（二）污染需求

式(2.1)说明了私人经济部门对污染排放的需求。若将经济规模改写成如下形式，其中价格定义为基期国际市场价格。

$$S = p_x{}^0 x + p_y{}^0 y \quad (2.11)$$

污染排放公式(2.1)改写为：

$$z = ex = e\varphi S \quad (2.12)$$

φ为 X 产品在总产出中的比重。(2.12)式的含义为污染产品 X 的污染排放（污染需求）取决于污染排放强度 e，在经济总产出中的比重φ和经济规模总量 S。这样变形是为了说明经济规模、经济结构和技术因素对污染排放的作用。对(2.12)式取全微分，得到：

$$\hat{z} = \hat{e} + \hat{\varphi} + \hat{S} \tag{2.13}$$

其中，$\hat{e}$ 表示技术效应，在经济结构和经济规模不变条件下，污染强度的提高将会促进污染排放；$\hat{\varphi}$ 表示结构效应，在技术和经济规模不变条件下，污染产品在总产出比重上升会促进污染排放增加；$\hat{S}$ 表示经济规模效应，在经济结构和技术不变条件下，经济总量规模扩大也会使得污染排放上升。

对(2.13)式进行更为详细的分解。如果将 X 产品在总产出中的比重 φ 视为 p^N 和资本劳动比的函数 $k=K/L$，$\varphi=\varphi(p^N, k)$，对该式进一步全微分得到：

$$\hat{\varphi} = \varepsilon_{\varphi,k}\hat{k} + \varepsilon_{\varphi,p}\,\hat{p}^N \tag{2.14}$$

φ 对 p^N 和 k 弹性为正。进一步对 p^N 微分，结合式(2.1)和式(2.4)得到：

$$\hat{p}^N = (\hat{\beta} + \hat{p}^w)(1+\alpha) - \alpha\tau \tag{2.15}$$

其中 $\alpha=e(\theta)\tau/p^N$

同理，使用式(2.1)和式(2.5)得到：

$$\hat{e} = \varepsilon_{e,p/\tau}(\hat{\beta} + \hat{p}^w - \hat{\tau}) \tag{2.16}$$

其中污染排放强度相对于 p/τ 的弹性为正。

结合式(2.14)至(2.16)，则式(2.13)变形为：

$$\begin{aligned}\hat{z} = \hat{e} + \hat{\varphi} + \hat{S} = \hat{S} + \varepsilon_{\varphi,k}\hat{k} + [(1+\alpha)\varepsilon_{\varphi,p} + \varepsilon_{e,p/\tau}]\hat{\beta} \\ + [(1+\alpha)\varepsilon_{\varphi,p} + \varepsilon_{e,p/\tau}]\hat{p}^w - [\alpha\varepsilon_{\varphi,p} + \varepsilon_{e,p/\tau}]\hat{\tau}\end{aligned} \tag{2.17}$$

因为所有弹性都为正，(2.17)式表示经济规模 S、资本劳动比 k、X 商品的世界价格 p^w 将使得污染需求曲线向右移动。贸易壁垒 β 不确定，β 向 1 运动意味着贸易壁垒的下降。如果 $\beta>1$，表示 $\hat{\beta}<0$，相反如果 $\beta<1$，表示 $\hat{\beta}>0$。污染税 τ 的增加减少污染需求分为两种情形讨论，第一种通过提高污染治理水平降低每单位产品的污染排放，由 $\varepsilon_{e,p/\tau}>0$ 表示；第二种通过提高污染税降低污染产品 X 的价格，使得产品 X 在总产出的份额变少，这种效应取决于污染税 τ 在净生产者价格中的重要程度 α 以及产品 X 的份额 φ 相对于生产者价格变动的弹性 $\varepsilon_{\varphi,p}$。

污染供给方程我们已经得到，对(2.10)式进行全微分，得到：

$$\hat{\tau} = \hat{T} + \varepsilon_{MD,p}\hat{\beta} + \varepsilon_{MD,p}\,\hat{p}^w + \varepsilon_{MD,I}\hat{I} \tag{2.18}$$

这里$\varepsilon_{MD,p}>0$和$\varepsilon_{MD,I}>0$。式(2.18)说明污染供给曲线的移动取决于实际收入、相对价格、国家类型。如果绿色消费人群增多,政府政策将更加严格,污染供给曲线将向上运动。世界相对价格提高,这意味着 X 产品的相对价格越贵,这就出现了对环境政策的一个替代,$\varepsilon_{MD,p}>0$,那么污染供给曲线将向上运动。实际收入水平提高,将使得对环境质量要求提高,也会使供给曲线向上移动。

将污染需求式(2.17)和污染供给式(2.18)结合起来,我们得到一个简约式。

$$\hat{z} = \pi_1\hat{S} + \pi_2 k - \pi_3\hat{I} + \pi_4\hat{\beta} + \pi_5\,\hat{p}^{w} - \pi_6\hat{T} \tag{2.19}$$

π_1至π_6表示各因素对污染排放的影响程度,上式表明污染变动量取决于经济规模、资本劳动比、实际人均收入、贸易壁垒、世界市场价格和国家类型变动量等因素的作用。当经济规模扩大以及资本劳动比上升时,污染排放会增多,当人均实际收入和绿色消费人群增多时,污染排放会下降。

二、对外贸易隐含污染的理论基础

投入产出模型是20世纪由美国经济学家里昂惕夫(Leontief)创建的,该模型一经提出,就得到了广泛的应用。在实际经济运行中,国民经济各部门存在密切联系,相互依存,投入产出模型就是将国民经济各部门的这种复杂关系,通过矩阵形式反映出来。

20世纪六七十年代投入产出法开始运用到环境污染方面,用于计算出口商品污染含量或者进口商品的污染含量(对进口国来说,属于污染减排量)。此方法不仅考虑到各个产业部门的本国最终需求(包括出口)和进口(他国最终需求)对环境造成的直接影响,而且还需要考虑到各部门全部间接投入需求对环境造成的间接影响。该方法计算出的结果比较精确,结果也比较令人满意。

在开放经济中,根据对进口商品的处理方法的不同,投入产出模型可以分为竞争型(进口)投入产出表和非竞争型(进口)投入产出表。

（一）基于竞争型投入产出表对外贸易含污量计算

竞争型投入产出表在中间投入部分没有区分国内产品和进口，只在最终需求象限中有一个进口列向量，竞争型投入产出基本样式如表 2-1 所示。

表 2-1　竞争型投入产出表基本样式

	中间使用					最终使用			进口	总产出
	部门	产业 1	产业 2	…	产业 n	最终消费	资本形成	出口		
中间投入	产业 1	X_{11}	X_{12}	…	X_{1n}	Y_{1C}	Y_{1K}	EX_1	IM_1	X_1
	产业 2	X_{21}	X_{22}	…	X_{2n}	Y_{2C}	Y_{2K}	EX_2	IM_2	X_2
	…	…	…	…	…	…	…	…	…	…
	产业 n	X_{n1}	X_{n2}	…	X_{nn}	Y_{nC}	Y_{nK}	EX_n	IM_n	X_n
增加值										
总投入		X_1	X_2		X_n					

投入产出模型的基本关系为：

$$X = AX + Y \tag{2.20}$$

X 为一国总产出向量，Y 为最终产品（需求）向量，EX 为出口列向量，IM 为进口列向量。

$$\sum_{j=1\ldots n} X_{ij} + Y_{iC} + Y_{iK} + EX_i - IM_i = X_i \tag{2.21}$$

将（2.20）式变形为，$X = (I - A)^{-1} Y$ （2.22）

A 为直接消耗系数矩阵，$A = \begin{bmatrix} a_{11} & a_{12} & \cdots & a_{1n} \\ a_{21} & a_{22} & \cdots & a_{2n} \\ \vdots & \vdots & & \vdots \\ a_{n1} & a_{n2} & \cdots & a_{nn} \end{bmatrix}$，直接消耗系数 $a_{ij} = \dfrac{X_{ij}}{X_j}$ 表示 j 部门生产 1 单位产品消耗掉的 i 部门产品数量，将式（2.22）展开为：

$$\begin{bmatrix} X_1 \\ \vdots \\ X_i \\ \vdots \\ X_n \end{bmatrix} = \begin{bmatrix} c_{11} & \cdots & c_{1k} & \cdots & c_{1n} \\ \vdots & & & & \\ c_{i1} & \cdots & c_{ik} & \cdots & c_{in} \\ \vdots & & & & \\ c_{n1} & \cdots & c_{nk} & \cdots & c_{nn} \end{bmatrix} \begin{bmatrix} Y_1 \\ \vdots \\ Y_k \\ \vdots \\ Y_n \end{bmatrix} \tag{2.23}$$

$(I-A)^{-1}$为里昂惕夫逆矩阵，$(I-A)^{-1}=\begin{bmatrix} c_{11} & \cdots & c_{1k} & \cdots & c_{1n} \\ \vdots & & & & \\ c_{i1} & \cdots & c_{ik} & \cdots & c_{in} \\ \vdots & & & & \\ c_{n1} & \cdots & c_{nk} & \cdots & c_{nn} \end{bmatrix}$，该矩阵的第 k 列表示 k 部门生产 1 单位最终产品需要所有其他部门的投入数量，包含直接消耗量和间接消耗量。

若已知 1 单位最终产品污染排放系数，则作为最终产品出口的污染排放就可以计算出来。用 E 代表污染排放量，r 为 n 行 1 列的污染排放系数向量，表明每单位产出的直接污染排放。直接排放系数 r 如式(2.24)所示。

$$r=[r_1 \quad r_2 \quad \cdots \quad r_n]^T,\ r_i=e_i/x_i \tag{2.24}$$

e_i为 i 部门总产出的污染直接排放量，r_i为 i 部门生产 1 单位产品的直接排放系数。

i 部门生产 1 单位最终产品需要所有部门的投入，同时也意味着其他部门为此要排放污染，那么 i 部门 1 单位最终产品排放就包括直接污染排放量和间接污染排放量，两者之和为完全污染排放量，我们用 $f=r(I-A)^{-1}$代表每单位最终产品的完全排放。

因为出口产品属于本国的最终产品，进口产品属于本国进口他国的最终产品，因此进口贸易含污量如下：

出口产品含污量：

$$E_{EX}=f\times EX=r\,(I-A)^{-1}EX \tag{2.25}$$

进口产品含污量(本国进口减排量)：

$$E_{IM}=f\times IM=r\,(I-A)^{-1}IM \tag{2.26}$$

净出口含污量：

$$\nabla E=E_{EX}-E_{M} \tag{2.27}$$

E_{EX}、E_{IM}、∇E 分别表示出口含污量与进口含污量以及净出口含污量。

由于投入产出表反映的是一定经济体的经济技术联系，由于国与国之间技术水平等差异，因此各国的投入产出表各不相同，里昂惕夫逆矩阵也因此而不同。这里需要强调的是，在计算进口商品含污量中根据使用投入产出表的不同，又分为单区域和多区域投入产出两种。如果在进口产品含污量的计算中使用的是本国的里昂惕夫逆矩阵 $r(I-A)^{-1}$，则是单区域投入产出法，思想是“进口替代”，即认为进口产品若在本国生产，会使用本国的技术，消耗本国的资源，污染物也会排放在本国，从这个角度来看，进口产品所含污染是本国污染的减少量。若在进口产品含污量中使用的外国的里昂惕夫逆矩阵 $r(I-A^{*})^{-1}$，则称为多区域投入产出法。

因为数据可得性等问题，目前学术界采用单区域投入产出方法比较多。但是随着环境问题研究的深入，利用多区域投入产出法的文献也逐渐增多。

（二）基于非竞争型投入产出表对外贸易含污量计算

非竞争型投入产出表的中间投入区分为国内中间投入和进口品中间投入两部分。非竞争型投入产出基本样式如表 2-2 所示。

表 2-2　（进口）非竞争型投入产出表基本样式

		中间使用				最终使用			总产出
	部门	产业 1	产业 2	…	产业 n	最终消费	资本形成	出口	
国内产品中间投入	产业 1	X_{11}^{D}	X_{12}^{D}	…	X_{1n}^{D}	Y_{1C}^{D}	Y_{1K}^{D}	EX_{1}^{D}	X_1
	产业 2	X_{21}^{D}	X_{22}^{D}	…	X_{2n}^{D}	Y_{2C}^{D}	Y_{2K}^{D}	EX_{2}^{D}	X_2
	…	…	…	…	…	…	…	…	…
	产业 n	X_{n1}^{D}	X_{n2}^{D}	…	X_{nn}^{D}	Y_{nC}^{D}	Y_{nK}^{D}	EX_{n}^{D}	X_n
进口品中间投入	产业 1	X_{11}^{M}	X_{12}^{M}	…	X_{1n}^{M}	Y_{1C}^{M}	Y_{1K}^{M}		X_1^{M}
	产业 2	X_{21}^{M}	X_{22}^{M}	…	X_{2n}^{M}	Y_{2C}^{M}	Y_{2K}^{M}		X_2^{M}
	…	…	…	…	…	…	…		…
	产业 n	X_{n1}^{M}	X_{n2}^{M}	…	X_{nn}^{M}	Y_{nC}^{M}	Y_{nK}^{M}		X_n^{M}
增加值		…	…	…	…				
总投入		X_1	X_2	…	X_n				

根据投入产出关系，有下式成立：

$$\sum_{j=1\ldots n} X^{D}{}_{ij} + Y^{D}{}_{iC} + Y^{D}{}_{iK} + EX^{D}{}_{i} = X_i \tag{2.28}$$

$$\sum_{j=1\ldots n} X^{M}{}_{ij} + Y^{M}{}_{iC} + Y^{M}{}_{iK} = X_i{}^{M} \tag{2.29}$$

上式右上方 D 表示国内产品，M 代表进口产品，X_{ij}^{D}为 j 部门对 i 部门国内产品的中间使用，X_{ij}^{M}为j部门对i部门进口产品的中间使用；Y^{D}为国内产品最终使用列向量，Y^{M}为进口品最终使用列向量，X^{M}为进口品列向量。在非竞争型投入产出表中，由于存在进口中间投入部分，因此直接消耗系数矩阵A被拆分为两部分，A^{D}和A^{M}。

$$A = A^{D} + A^{M} \tag{2.30}$$

A^{D}表示国内消耗系数矩阵，第i行第j列的元素a_{ij}^{D}表示j部门每生产1单位产出需要投入的i部门的国内中间品的数量，$a^{D}{}_{ij} = \frac{X^{D}{}_{ij}}{X_j}$。

$$A^{D} = \begin{bmatrix} a^{D}{}_{11} & a^{D}{}_{12} & \cdots & a^{D}{}_{1n} \\ a^{D}{}_{21} & a^{D}{}_{22} & \cdots & a^{D}{}_{2n} \\ \vdots & \vdots & & \vdots \\ a^{D}{}_{n1} & a^{D}{}_{n2} & \cdots & a^{D}{}_{nn} \end{bmatrix}$$

A^{M}是进口消耗系数矩阵，其第i行第j列的元素a_{ij}^{M}表示j部门每生产1单位产出需要投入的i部门的进口中间品的量，$a^{M}{}_{ij} = \frac{X^{M}{}_{ij}}{X_j}$。

$$A^{M} = \begin{bmatrix} a^{M}{}_{11} & a^{M}{}_{12} & \cdots & a^{M}{}_{1n} \\ a^{M}{}_{21} & a^{M}{}_{22} & \cdots & a^{M}{}_{2n} \\ \vdots & \vdots & & \vdots \\ a^{M}{}_{n1} & a^{M}{}_{n2} & \cdots & a^{M}{}_{nn} \end{bmatrix}$$

直接排放系数在竞争型与非竞争型投入产出方法中并没有什么不同，不同之处在于完全排放系数，我们记非竞争型投入产出表下的完全排放系数为$\bar{f}$。考虑到进口中间品投入，完全排放系数修正为：

$$\bar{f} = r \times (I - A^{D})^{-1} \tag{2.31}$$

进出口贸易含污量也修正为：

出口含污量：$\overline{E_{EX}} = \bar{f} \times EX^{D} = r(I - A^{D})^{-1}EX^{D}$ (2.32)

进口含污量：$\overline{E_{IM}} = \bar{f} \times X^{M} = r(I - A^{D})^{-1}X^{M}$ (2.33)

净出口贸易含污量：$\overline{\nabla E} = \overline{E_{EX}} - \overline{E_{IM}}$ (2.34)

$\overline{E_{EX}}$、$\overline{E_{IM}}$、$\overline{\nabla E}$ 分别表示考虑了进口中间投入后的出口含污量、进口含污量和净贸易含污量。

（三）贸易污染条件

安特威勒提出贸易污染条件（pollution term of trade）的概念①，它与贸易条件类似，是每单位出口产品污染含量与每单位进口产品污染含量的比值。比值变大表明贸易的污染条件恶化，比值变小表明贸易的污染条件改善。

$$PTT = \frac{E_{EX}/EX}{E_{IM}/IM} \tag{2.35}$$

PTT 为污染贸易条件，EX、IM 分别代表出口额和进口额，E_{EX}/EX 代表价值 1 货币单位的出口产品中污染含量，E_{IM}/IM 代表价值 1 货币单位的进口产品中污染含量。

---

① Antweiler W.，"The Pollution Terms of Trade"，*Economic Systems Research*，1996，8（4）：361-365.

第三章 我国对外贸易与环境污染状况概述

1978年以来，我国经济和对外贸易飞速发展，取得举世瞩目的成就。目前我国经济总量居世界第2位，出口总额居世界第1位。随着经济增长和外贸扩张，环境急剧恶化，工业"三废"排放量和产生量持续增加。本章从全国、东中西部地区、工业部门三个角度入手，对我国对外贸易和环境污染状况进行比较全面的概述。

一、我国对外贸易发展与环境污染变动

（一）我国对外贸易发展概况①

改革开放以来，我国经济飞速发展，按1978年不变价格计算，2015年我国国内生产总值是1978年的30倍。从国内生产总值的组成部分来看，第二产业贡献尤其突出，第二产业占国内生产总值的比重接近50%，是经济增长的重要拉动力量。对外贸易规模方面，按1978年不变价格计算，进出口总额由1978年的355亿元人民币增长到2015年的10748亿元人民币，增长了30多倍，特别是加入世贸组织以来，我国对外贸易更是以每年20%—30%的速度增长，2009年我国出口规模跃居世界首位，出口总额约占世界出口总额的10%，我国已经成为全球重要的贸易大国。

我国经济发展对外贸的依赖性逐渐增强，出口占GDP比重逐年上升，

① 数据来源于历年《中国统计年鉴》以及《中国对外经济贸易年鉴》。

1980 年出口占 GDP 的比重为 6%，2006 年这一比重上升到 35.9%，2008 年后受全球金融危机影响出口有所收缩，但是这一比值仍旧维持在 25%左右，可以说对外贸易对我国经济增长具有重要的拉动作用。但在对外贸易规模扩张中，出口和进口增长是不同步的，从 20 世纪 90 年代中期起，对外贸易规模开始出现明显的出超，顺差连年增多，最高峰值出现在 2008 年，当年顺差达 2981 亿美元。

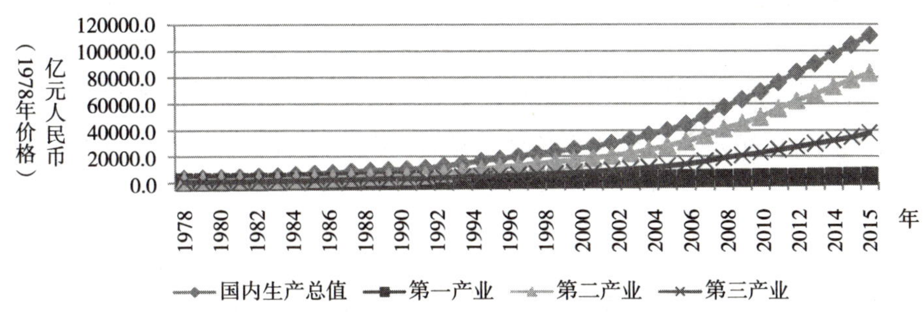

图 3-1　1978—2015 年我国国内生产总值及组成部分状况

资料来源：根据历年《中国统计年鉴》整理。

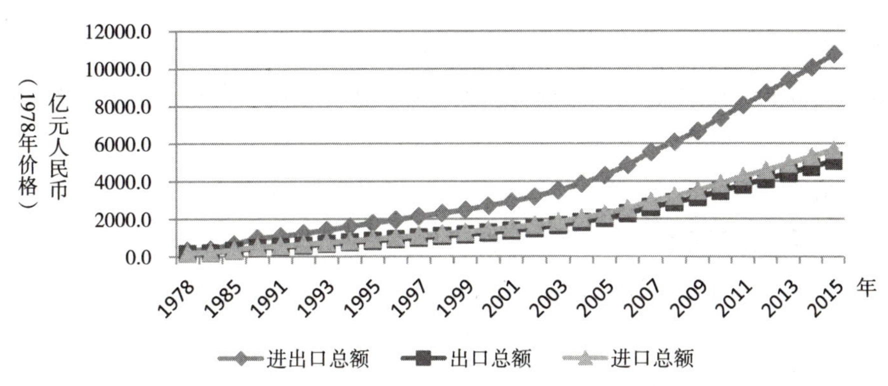

图 3-2　1978—2015 年我国进出口贸易发展状况

资料来源：根据历年《中国统计年鉴》整理。

对外贸易结构方面，我国进出口商品结构从 20 世纪 80 年代以初级产品为主转变为目前以工业制成品为主，1980 年我国初级产品出口占 50%，进口占 35%，同年工业制成品出口占 50%，进口占 65%；到 2015 年这一贸易结构发生了深刻变化,初级产品出口仅仅占5%,进口占35%,而工业制成品出口占95%,进口占65%。同时在外贸结构中,“两高一资”(高耗能、高污染、资源型)产品曾一度占据较大比重。

对外贸易方式方面,加工贸易和一般贸易比重基本持平,加工贸易在总出口中的比重从1981年的5%上升到2015年的42%,同期加工贸易进口从7%上升到26%。

可以说对外贸易规模扩张、对外贸易结构转变以及对外贸易方式的变化不仅反映了我国经济增长、产业结构升级的进程,也反映了我国不断参与国际分工融入全球经济的过程。但在对外贸易发展过程中出现了很多问题,特别是庞大的外贸顺差和不尽合理的外贸结构对我国资源和环境产生了极大的压力。

(二)我国主要污染物排放概况①

随着经济增长和对外贸易的扩张,我国污染状况急剧恶化,工业“三废”排放量明显增长,各种污染物均呈现不同程度的上升,工业废气排放量从1990年的85380亿立方米增加到2015年的685190亿立方米,增加了8倍多;工业固体废物产生量从1990年的5.78亿吨增加到2015年的33.10亿吨,增加了近6倍;工业废水排放量从1990年的249亿吨下降到2015年的199亿吨。

值得注意的是,在工业废气中,工业二氧化硫、工业烟尘、工业粉尘的排放量呈现缓慢上升态势,在个别年份波动比较大。工业二氧化硫排放量从2000年的1612.51万吨上升到2006年的2234.8万吨,之后逐步下降至2015年的1556.7万吨;工业烟尘排放量从1991年的845万吨增加到1998年的1175万吨后,降至2010年的603万吨;工业粉尘排放量从1991年的579万吨猛增到1998年的1322万吨后,回落至2010年的449万吨。工业二氧化硫、烟尘和粉尘排放量的波动与污染治理投资密不可分。

2001—2015年间我国环境治理投资占GDP的比重从1.06%上升到

① 主要污染物排放情况来源于历年《中国环境统计年鉴》。

1.28%,其中治理废水投资从72.9亿元上升到118.4亿元,治理废气投资从65.8亿元上升到521.8亿元,治理废物投资从18.7亿元下降到16.1亿元。由于我国污染治理投资的逐年增多,因此污染物排放的增速并没有如经济贸易增长速度那样强劲,污染物排放的增速低于经济贸易增长速度。

需要注意的是,我国污染物排放和进出口数据具有明显的变动趋势一致性,如图3-3、图3-4所示,进出口总额与工业废气排放量和工业固体废物产生量之间呈现同向上升趋势,说明对外贸易与污染排放之间密切相关。

表3-1　1990—2015年我国主要污染物排放状况①

年份	工业SO_2排放量(万吨)	工业烟尘排放量(万吨)	工业粉尘排放量(万吨)	工业废气排放量(亿立方米)	工业废水排放量(亿吨)	工业固体废物产生量(万吨)
1990	1494	—	—	85380	249	57797
1991	1165	845	579	84653	236	58759
1992	1323	870	576	90308	234	61884
1993	1292	880	617	93423	219	61708
1994	1341	807	583	97463	216	61704
1995	1405	838	639	107478	222	64474
1996	1364	758	562	111196	206	65897
1997	1363	685	548	113378	188	65750
1998	1593	1175	1322	121203	201	80068
1999	1460	953	1175	126807	197	78442
2000	1613	953	1092	138145	194	81608
2001	1566	852	991	160863	203	88840
2002	1562	804	941	175257	207	94509
2003	1792	846	1021	198906	212	100428
2004	1891	887	905	237696	221	120030

① 2011年以后只公布工业烟(粉)尘数据,不单独公布工业烟尘和工业粉尘数据。

续表

年份	工业 SO_2 排放量（万吨）	工业烟尘排放量（万吨）	工业粉尘排放量（万吨）	工业废气排放量（亿立方米）	工业废水排放量（亿吨）	工业固体废物产生量（万吨）
2005	2168	949	911	268988	243	134449
2006	2235	864	808	330990	240	151541
2007	2140	771	699	388169	247	175632
2008	1991	671	585	403866	242	190127
2009	1866	605	524	436064	234	203943
2010	1864	603	449	519168	237	240944
2011	2017	1279		674509	231	326204
2012	1911	1236		635519	221	332509
2013	1835	1278		669361	210	330859
2014	1740	1741		694190	205	329254
2015	1557	1538		685190	199	331055

资料来源：根据历年《中国统计年鉴》及《中国环境统计年鉴》整理。

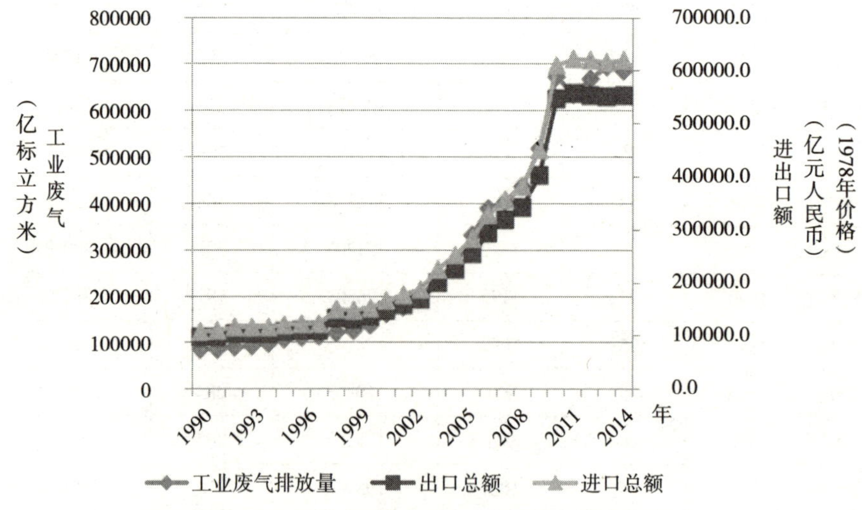

图 3-3 1990—2014 年我国工业废气排放量与进出口额对比

资料来源：根据历年《中国统计年鉴》及《中国环境统计年鉴》整理。

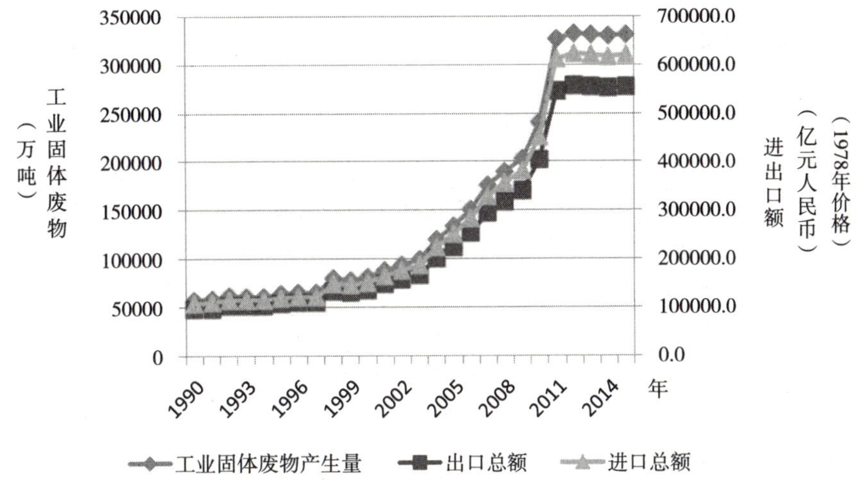

图 3-4　1990—2014 年我国工业固体废物产生量与进出口额对比

资料来源：根据历年《中国统计年鉴》及《中国环境统计年鉴》整理。

二、我国东中西部对外贸易与污染排放

我国东中西部经济贸易总量和结构差异比较大，环境污染状况也有显著不同。笔者将全国分为东中西部三个区域，东部地区包括北京、天津、河北、辽宁、上海、浙江、江苏、福建、山东、广东、海南 11 个省及直辖市；中部地区包括山西、吉林、黑龙江、安徽、江西、河南、湖南、湖北 8 个省；西部地区包括内蒙古、广西、重庆、四川、贵州、云南、陕西、甘肃、青海、宁夏、新疆 11 个省、直辖市和自治区，不研究我国西藏、香港、澳门及台湾地区。

（一）我国东中西部对外贸易

我国东中西部经济贸易发展不平衡，东部地区经济与对外贸易较为发达，东部地区 GDP 占全国 GDP 的比重 50%以上，中部地区 GDP 占全国的比重为 25%，西部地区 GDP 占全国的比重不足 20%。出口在各地区的贡献也大不相同，东部地区出口约占当地 GDP 的 40%—50%，2001 年该比重曾一度达到 63. 37%，2009 年受全球金融危机影响，该比值有所下降；中部地区出口在当

地 GDP 的比重比较小,多年维持在 4%—5%左右;与中部类似,西部地区出口占当地 GDP 比重也不高,在 5%—6%左右。

表 3-2　2000—2015 年东中西部货物进出口额占全国货物进出口总额的比重

年份	东部地区		中部地区		西部地区	
	出口比重	进口比重	出口比重	进口比重	出口比重	进口比重
2000	91. 04%	93. 27%	4. 98%	3. 51%	3. 94%	3. 21%
2001	91. 67%	92. 83%	4. 93%	3. 97%	3. 37%	3. 19%
2002	91. 79%	93. 17%	4. 59%	3. 84%	3. 59%	2. 97%
2003	91. 80%	93. 07%	4. 49%	4. 10%	3. 68%	2. 82%
2004	92. 14%	93. 12%	4. 39%	4. 01%	3. 45%	2. 86%
2005	92. 29%	93. 33%	4. 33%	3. 73%	3. 36%	2. 93%
2006	91. 92%	93. 16%	4. 56%	3. 87%	3. 50%	2. 96%
2007	91. 21%	92. 31%	4. 92%	4. 39%	3. 84%	3. 29%
2008	89. 79%	91. 52%	5. 64%	4. 82%	4. 52%	3. 65%
2009	91. 08%	91. 01%	4. 59%	5. 05%	4. 30%	3. 94%
2010	90. 10%	90. 59%	5. 34%	5. 37%	4. 52%	4. 03%
2011	88. 22%	89. 48%	6. 10%	6. 17%	5. 62%	4. 35%
2012	85. 86%	88. 88%	6. 88%	6. 30%	7. 10%	4. 82%
2013	84. 66%	88. 57%	7. 29%	6. 32%	7. 91%	5. 11%
2014	82. 97%	87. 37%	7. 75%	6. 67%	9. 19%	5. 95%
2015	83. 74%	87. 21%	7. 82%	6. 88%	8. 41%	5. 89%

资料来源:根据历年《中国统计年鉴》及《中国对外经济贸易统计年鉴》整理。

全国的进出口额大部分来源于东部地区,占 90%左右,中部和西部分别占 5%左右。东部地区对外贸易非常发达,近几年由于很多从事加工贸易的企业向内陆省份转移,个别内陆省份(如河南省、江西省)的出口额激增,使得我国东部地区出口比重有所下降,2011 年东部出口占全国比重跌破 90%。2015 年东部地区出口贸易额为 19038 亿美元,占全国的 83. 74%,进口贸易额为 16796 亿美元,占全国的 87. 21%。从东部地区各省市的对外贸易表现来看,广东、江苏、上海、浙江、北京对外贸易活跃。广东省的进出口贸易额多年位居全国之首,2000 年进口和出口比重均占全国的 35%以上,其后比重有所下降,2015 年广东省出口总额为 6431 亿美元,占全国的 28.29%,进口总额为 3793 亿美元,占全国的 22.58%。江苏省的进出口贸易表现也十分突出,2015 年江苏省出口和进口贸易占全国的比重分别为 14.90%和 12.32%。北京地区多年呈现进口大于出口的逆差状态,2015 年出口额为 547 亿美元,占全国出口的 2.41%,进口额却高达 2648 亿美元,占全国进口的 15.76%。上海进出口比重均占全国进出口额的 10%左右,浙江出口比重占 10%左右,进口占 5%左右。

中部地区对外贸易相对落后,2015 年出口额为 1779 亿美元,进口额为 1159 亿美元,虽然与东部地区相比,中部地区进出口贸易相对落后,但是中部地区进出口贸易近 10 年来取得了长足发展,进出口贸易总额占全国的比重有所提升,出口贸易比重从 2000 年的 4.98%提高到 2015 年的 7.82%,进口贸易比重从 2000 年的 3.51%提高到 2015 年的 6.88%。在中部地区,黑龙江、安徽出口额比较多。近几年,得益于外资企业迁往内陆省份,河南的进出口量迅速增加,超过了黑龙江,2015 年河南进出口总额为 737 亿美元,是 2000 年的 32 倍。

同中部相似,西部对外贸易也不活跃,西部地区进出口贸易总额均占全国总量的 3%左右,在西部地区中四川、广西、重庆对外贸易表现相对突出,如四川 2015 年出口额和进口额分别为 331 亿美元和 181 亿美元,尽管如此相对东部地区还非常少,2015 年四川的进出口总额仅为广东省的 6%。

(二)我国东中西部污染排放

从总体来看,我国东部地区污染排放水平高于中西部地区。具体来讲,我国东部地区在工业废气排放、工业废水排放方面占 50%左右,中部地区和西部地区占 20%—30%左右。在工业固体废物产生量方面,东中西部基本持平,东部地区略高,在 40%左右,中西部地区废物产生量各占 30%。与东部地区在经济总量和对外贸易总量表现的强势地位略有不同,东部地区污染排放并没有十分突出,如 2015 年东部地区工业废水排放约占全国的 53%,工业废气排放约占 48%,工业二氧化硫约占 35%,工业废物产生量约占 37%;而同年东部地区 GDP 占全国比重为 56%,出口量占全国比重为 86%。这种污染排放与经济贸易总量相对"不对称"态势与东部地区的污染排放强度有关,污染排放强度是每单位 GDP 污染物排放量,即每创造单位产值中附带污染物的排放量。我国东部地区污染排放强度远低于中部和西部,以固体废物为例,2015 年东部地区每万元 GDP 产生 0.39 吨固体废物,中部地区为 0.67 吨,西部地区为 0.97 吨。污染排放强度不仅体现 GDP 的构成,也体现技术进步因素。东部地区较低的污染排放强度不仅是该地区较高技术水平的体现,也与该地区第三产业比较发达有关。

表 3-3 2000—2015 年东中西部工业 SO_2、工业烟尘以及工业粉尘排放占全国污染排放比重

年份	工业 SO_2			工业烟尘			工业粉尘		
	东部	中部	西部	东部	中部	西部	东部	中部	西部
2000	42.21%	23.86%	32.12%	31.65%	35.19%	33.15%	33.63%	29.55%	26.22%
2001	41.64%	23.95%	30.41%	30.77%	37.15%	32.07%	29.50%	29.03%	23.97%
2002	41.43%	24.08%	31.29%	30.60%	37.82%	31.57%	28.76%	29.72%	22.90%
2003	40.68%	24.67%	34.65%	29.59%	38.08%	32.32%	32.00%	33.36%	27.05%
2004	39.74%	26.14%	34.12%	28.27%	38.62%	33.10%	30.99%	38.69%	30.35%
2005	39.46%	27.03%	33.50%	28.78%	39.52%	31.70%	29.77%	39.28%	30.92%
2006	38.20%	26.52%	35.18%	29.43%	40.39%	30.13%	30.00%	40.52%	29.47%
2007	38.22%	26.71%	35.05%	29.71%	39.84%	30.45%	31.29%	40.55%	28.15%
2008	37.71%	26.84%	35.45%	32.04%	38.80%	29.16%	31.15%	39.68%	29.12%
2009	37.10%	27.11%	35.78%	32.35%	39.36%	28.31%	28.86%	41.06%	30.10%
2010	36.45%	27.49%	36.04%	30.05%	34.88%	35.06%	27.93%	38.56%	33.50%
2011	36.62%	27.70%	35.67%	35.09%	34.49%	30.38%	35.09%	34.49%	30.38%
2012	36.39%	27.40%	36.21%	31.04%	33.80%	23.16%	30.15%	39.45%	28.24%
2013	35.92%	27.43%	36.64%	33.35%	35.36%	25.31%	28.86%	40.36%	29.25%
2014	34.69%	27.78%	37.51%	29.05%	32.88%	34.06%	27.93%	35.56%	32.45%
2015	35.44%	27.76%	32.79%	28.09%	31.49%	32.38%	34.09%	37.49%	31.20%

资料来源:根据历年《中国统计年鉴》及《中国环境统计年鉴》整理。

表 3-4　2000—2015 年东中西部工业废水、工业废气以及工业固体废物占全国排放比重

年份	工业废水			工业废气			工业固体废物产生量		
	东部	中部	西部	东部	中部	西部	东部	中部	西部
2000	48.36%	28.62%	22.97%	50.22%	26.70%	23.07%	38.32%	34.80%	26.74%
2001	51.67%	26.45%	21.82%	52.19%	26.07%	21.73%	39.47%	34.26%	26.14%
2002	51.74%	26.49%	21.71%	50.83%	26.56%	22.60%	40.47%	33.79%	25.63%
2003	50.85%	26.44%	22.69%	50.63%	26.87%	22.49%	38.43%	33.98%	27.49%
2004	52.24%	25.64%	22.08%	49.61%	25.25%	25.14%	41.98%	31.10%	26.81%
2005	54.35%	21.76%	21.99%	52.79%	25.13%	22.07%	40.88%	30.71%	28.31%
2006	54.43%	24.30%	21.24%	52.48%	23.27%	24.25%	39.96%	30.63%	29.31%
2007	53.60%	23.91%	22.46%	49.42%	23.66%	26.92%	39.54%	30.12%	30.25%
2008	52.62%	23.72%	23.61%	50.99%	25.11%	23.90%	39.60%	31.01%	29.27%
2009	52.71%	24.75%	22.50%	48.71%	25.23%	26.06%	39.90%	30.78%	29.22%
2010	52.92%	25.75%	17.74%	46.83%	25.51%	27.66%	40.20%	29.13%	30.58%
2011	54.59%	26.33%	19.06%	45.65%	28.19%	26.14%	38.24%	28.64%	32.89%
2012	53.23%	27.64%	19.11%	45.16%	27.34%	27.48%	37.90%	28.63%	33.25%
2013	52.85%	27.90%	19.22%	45.50%	26.97%	27.51%	36.90%	23.45%	30.25%
2014	53.24%	27.26%	19.48%	46.41%	25.90%	27.67%	33.90%	24.21%	32.67%
2015	52.70%	25.84%	19.61%	48.02%	26.01%	25.95%	36.90%	26.35%	31.25%

资料来源：根据历年《中国统计年鉴》及《中国环境统计年鉴》整理。

东部工业废气排放量从 2000 年的 69375 亿标立方米上升到 2015 年的 329042 亿标立方米；同期东部工业废物产生量从 31270 万吨上升到 124692 万吨；工业废水从 939274 万吨上升到 1051435 万吨。同期东部出口从 2269 亿美元上升到 19039 亿美元，进口总额从 2099 亿美元上升到 14648 亿美元，工业废气和工业废物与对外贸易额呈现相同的走势。

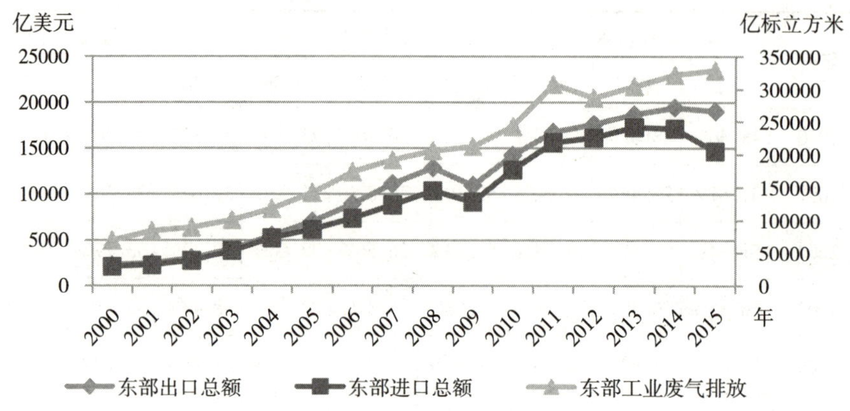

图 3-5 2000—2015 年我国东部进出口贸易与工业废气排放量对比

资料来源：根据历年《中国统计年鉴》及《中国环境统计年鉴》整理。

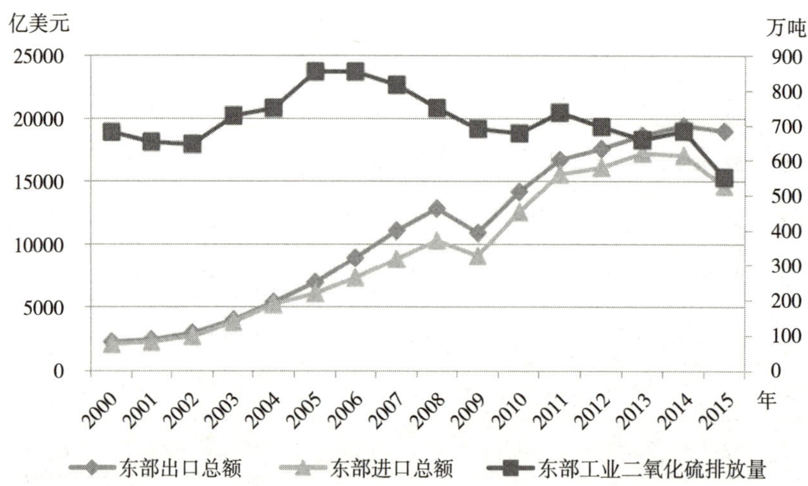

图 3-6 2000—2015 年我国东部进出口贸易与工业二氧化硫排放量对比

资料来源：根据历年《中国统计年鉴》及《中国环境统计年鉴》整理。

2015 年中部地区工业废气排放量为 178186 亿标立方米，是 2000 年的 5 倍；2015 年工业废物产生量为 98108 万吨，是 2000 年的 3 倍；工业废水方面，上升的幅度不是特别大，从 2000 年的 556004 万吨下降到 2015 年的 515490 万吨；同期中部地区出口总额从 124 亿美元上升到 1779 亿美元，进口总额从

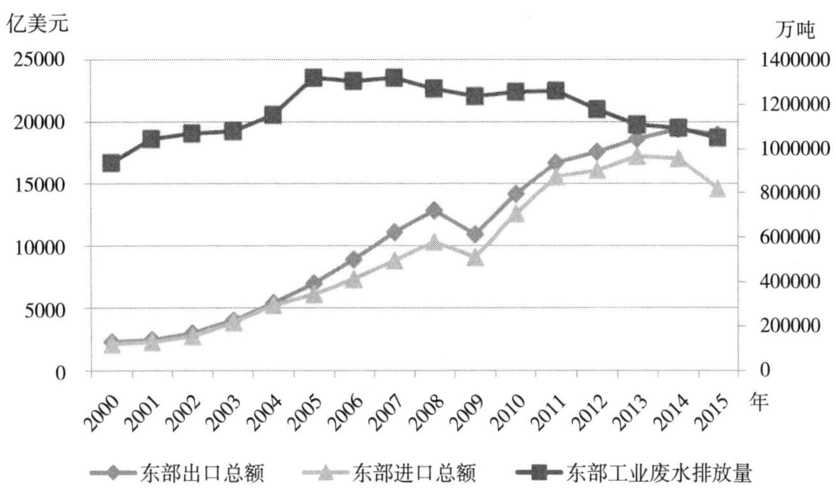

图 3-7　2000—2015 年我国东部进出口贸易与工业废水排放量对比

资料来源：根据历年《中国统计年鉴》及《中国环境统计年鉴》整理。

79 亿美元上升到 1156 亿美元。中部地区工业“三废”排放呈现与进出口贸易额相同的上升趋势，在工业固体废物产生量和工业废气排放量方面，体现得尤为明显。

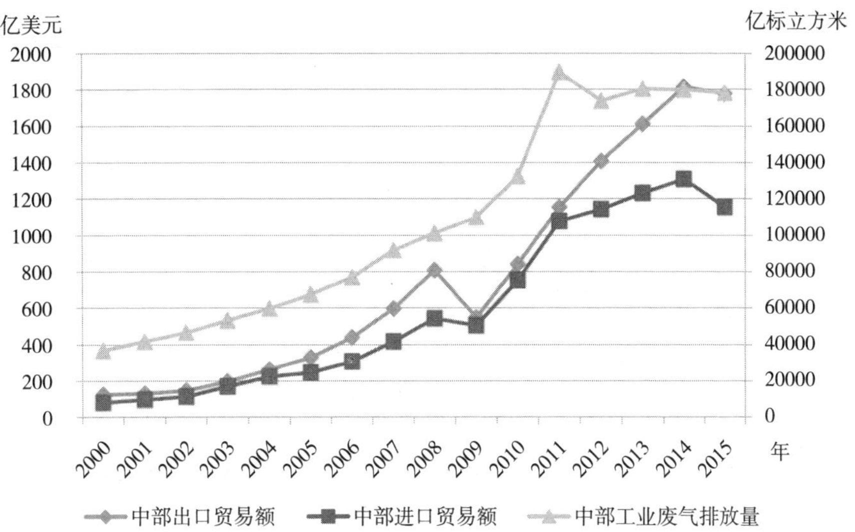

图 3-8　2000—2015 年我国中部进出口贸易与工业废气排放量对比

资料来源：根据历年《中国统计年鉴》及《中国环境统计年鉴》整理。

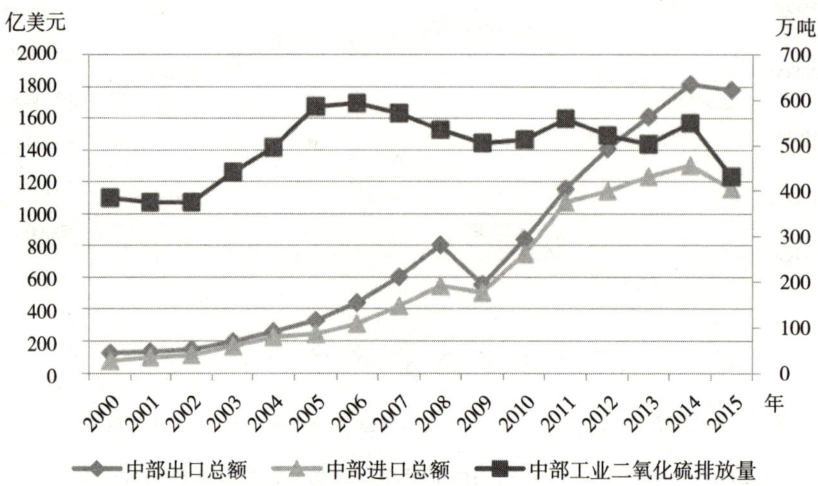

图 3-9　2000—2015 年我国中部进出口贸易与工业二氧化硫排放量对比

资料来源:根据历年《中国统计年鉴》及《中国环境统计年鉴》整理。

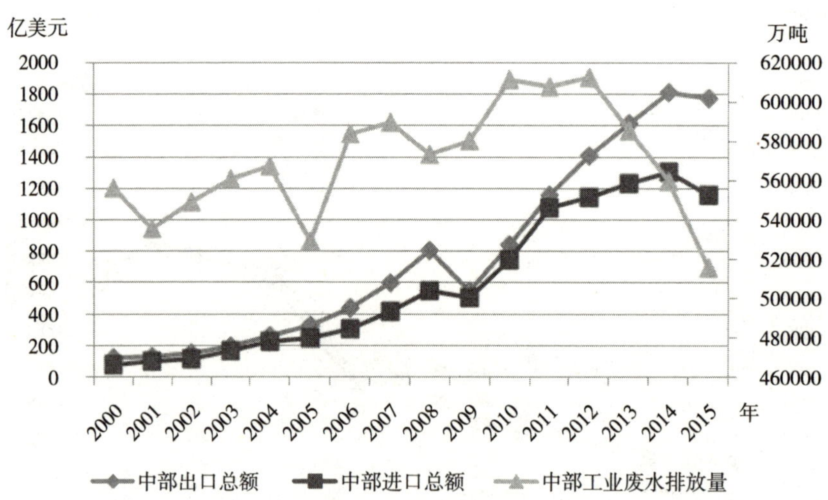

图 3-10　2000—2015 年我国中部进出口贸易与工业废水排放量对比

资料来源:根据历年《中国统计年鉴》及《中国环境统计年鉴》整理。

2015年西部地区工业废气排放量为177779亿标立方米，是2000年的5.5倍；西部地区工业废物产生量近几年增长尤其迅速，2015年产生量是110669万吨，是2000年的5倍，占全国总量33.25%，这已经接近东部地区工业固体废物产生量占全国37.90%的数值；西部地区工业废水排放整体有所下降，从2000年的446119万吨下降到2011年的391165万吨，2000年至2008年，工业废水排放呈现上升状态，2008—2009年快速下降，2010—2015年排放量波动不大，呈平稳态势；同时期西部出口总额从98亿美元上升到1911亿美元，进口总额从72亿美元上升到989亿美元。西部地区工业"三废"排放也呈现与进出口贸易额相同的上升趋势。

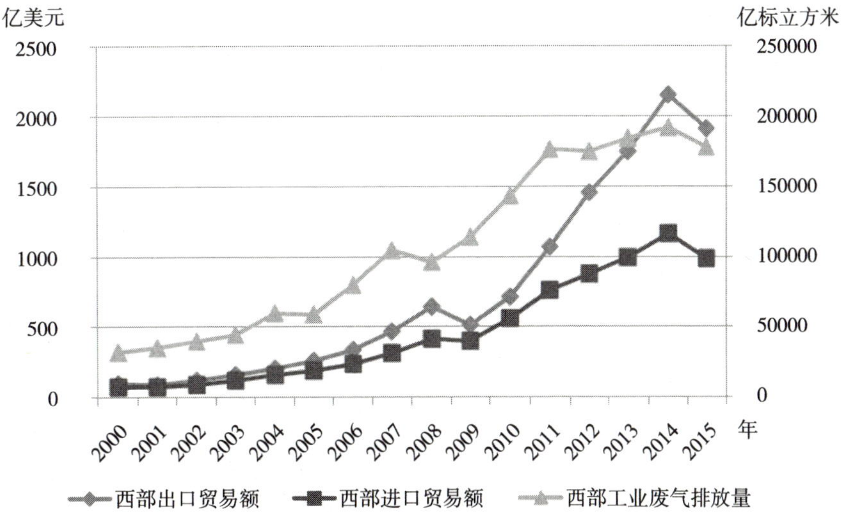

图3-11 2000—2015年我国西部进出口贸易与工业废气排放量对比

资料来源：根据历年《中国统计年鉴》及《中国环境统计年鉴》整理。

三、我国工业部门对外贸易与污染排放

在工业品对外贸易结构中，近几年的进出口数据显示电子及光学设备、机

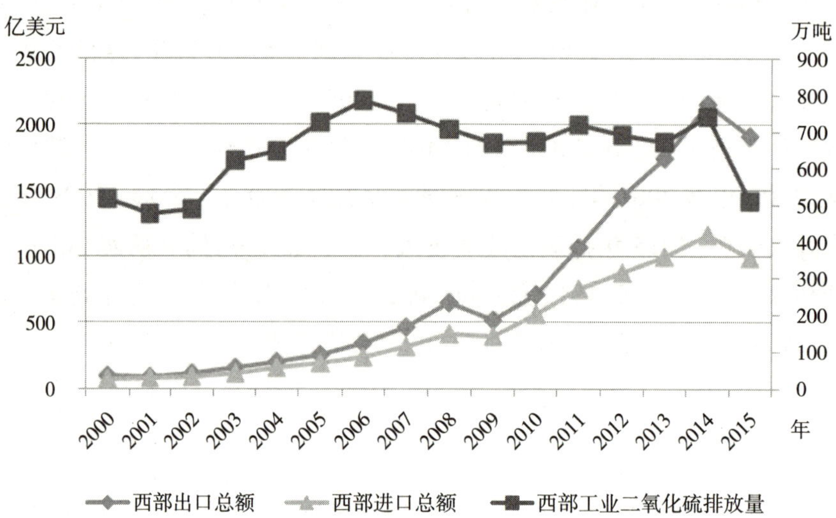

图 3-12 2000—2015 年我国西部进出口贸易与工业二氧化硫排放量对比

资料来源:根据历年《中国统计年鉴》及《中国环境统计年鉴》整理。

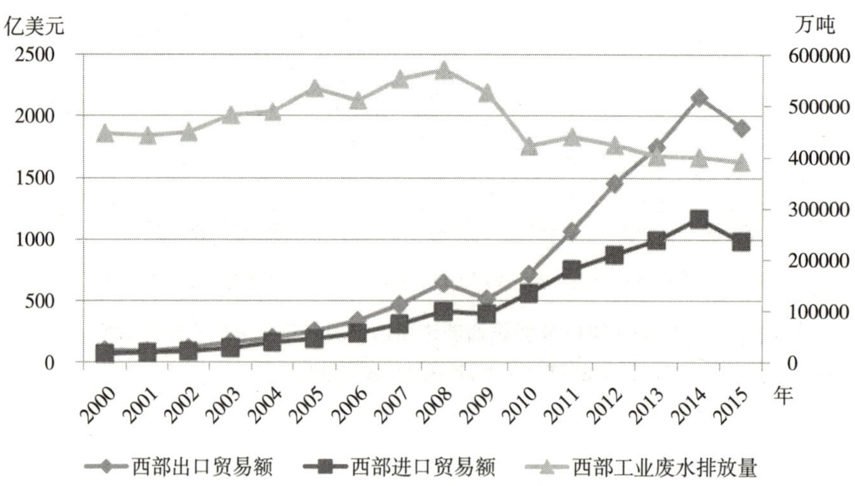

图 3-13 2000—2015 年我国西部进出口贸易与工业废水排放量对比

资料来源:根据历年《中国统计年鉴》及《中国环境统计年鉴》整理。

械、纺织、金属、化学产品等工业制成品占据大多数。在工业制成品出口中，资本密集型和“高耗能、高污染、资源型”产品占据的比重较大。

（一）我国工业部门对外贸易

因为工业部门出口贸易占我国出口总额的绝大部分，因此此处仅探讨工业部门，从表3-5可见我国对外贸易中具有非常明显的部门倾向性，目前具有国际垂直专业化分工的资本密集型产业逐渐成为我国出口优势部门；传统劳动密集型部门如纺织业虽然出口额依然在增长，但所占比重开始下降。我国工业部门出口特征有三个：

表3-5　2000—2011年我国工业部门出口贸易比重情况

部门编号	工业部门	2000	2001	2003	2005	2007	2009	2011
C2	采掘业	1.93%	2.06%	1.53%	1.19%	0.63%	0.47%	0.50%
C3	食品、饮料和烟草	3.54%	3.43%	2.68%	2.40%	2.26%	2.42%	2.42%
C4	纺织业	16.60%	15.93%	13.77%	13.01%	12.20%	12.06%	11.59%
C5	皮革及其制品业	4.14%	4.09%	3.24%	2.72%	2.34%	2.46%	2.47%
C6	木材、木材产品和软木	0.76%	0.73%	0.67%	0.68%	0.66%	0.56%	0.52%
C7	纸浆、纸张、印刷和出版	0.88%	0.86%	0.71%	0.52%	0.40%	0.42%	0.44%
C8	焦炭、精炼石油及核燃料	1.03%	1.15%	1.17%	0.95%	0.59%	0.56%	0.67%
C9	化学品和化工产品	4.30%	4.30%	4.13%	4.31%	4.70%	4.87%	5.61%
C10	橡胶和塑料制品	3.86%	3.59%	2.98%	3.03%	2.97%	3.04%	3.42%
C11	其他非金属矿产品	2.00%	1.77%	1.29%	1.24%	1.11%	1.20%	1.28%
C12	基本金属和金属制品	6.47%	5.87%	6.22%	6.35%	7.04%	5.64%	6.18%
C13	机械及电气产品	3.63%	3.99%	4.50%	5.21%	6.70%	6.79%	6.88%

续表

部门编号	工业部门	2000	2001	2003	2005	2007	2009	2011
C14	电子和光学设备	24.68%	24.80%	29.82%	35.49%	36.37%	36.50%	34.58%
C15	交通运输设备	2.19%	2.18%	2.67%	2.95%	3.81%	4.24%	4.65%
C16	其他制造业及回收业	3.61%	3.99%	3.81%	2.71%	3.28%	3.79%	3.50%
C17	电力、热力和水的供应业	0.17%	0.17%	0.15%	0.14%	0.09%	0.08%	0.09%
出口总量(亿美元)		2796	2994	4850	8367	13420	13332	20862

资料来源:根据 WIOD 公布的世界投入产出表出口数据整理。

第一,传统劳动密集型部门如纺织业(C4)和皮革及其制品业(C5)的出口总值上升,但比重略有下降,比重降幅二者合计从 2000 年的 20.74%下降到 2011 年的 14.06%。虽然比重有所下降,但是绝对量依然在上升,依旧是我国出口的重要部门。

第二,资本密集型工业部门出口占较大比重,如电子和光学设备(C14)、机械及电气产品(C13)、交通运输设备(C15)的出口量都比较大。2011 年电子和光学设备位居出口首位,占我国出口总量的 34.58%,机械及电气产品占 6.88%,交通运输设备占比为 4.65%。

第三,高耗能、高污染、资源型工业部门在出口中所占比例高,化学品和化工产品(C9)、橡胶和塑料制品(C10)、其他非金属矿产品(C11)、基本金属和金属制品(C12)这 4 个部门的出口量占总出口额的 20%左右。同时,这 4 个行业具有高耗能、高污染排放的特点,直接排放系数比较突出,如 2009 年其他非金属矿产品(C11)每百万美元产值中排放 0.17 万吨二氧化碳(CO_2)、6.83 吨氮氧化物(NO_X)、6.90 吨硫氧化物(SO_X)、15.07 吨一氧化碳(CO);基本金属和金属制品(C12)每百万美元产值中排放 0.05 万吨 CO_2、0.67 吨 NO_X、1.33 吨 SO_X、9.48 吨 CO。这些主要出口部门的污染排放远远高于其他部门。

可见,在我国对外贸易发展中,传统劳动密集型部门的对外贸易额虽然依旧在增加,但其所占比重开始下降,具有国际垂直专业化分工特点的资本密集型产业已经占主体地位，同时具有“两高一资”特点的工业部门也占据了重要份额。

（二）我国工业部门污染排放

如图 3-14 所示，工业部门排放的几种主要大气污染物均呈现上升趋势，并且与出口贸易呈现同向变动态势。六种典型大气污染物，一氧化碳（CO）、二氧化碳（CO_2）、氮氧化物（NO_X）、一氧化二氮（N_2O）、硫氧化物（SO_X）和非甲烷挥发性有机物（NMVOC）的部门分布，其中电力、热力和水的供应业（C17）、基本金属和金属制品（C12）、其他非金属矿产品（C11）、化学品和化工产品（C9）、焦炭、精炼石油及核燃料（C8）排放的污染量较多。

电力、热力和水的供应业（C17）的直接排放量最大，因为国民经济各部门是有密切联系的，该部门是为全社会其他部门提供能源。除此之外，其他非金属矿产品（C11）、基本金属和金属制品（C12）两个部门不仅直接排放系数较多，绝对排放量也较大。焦炭、精炼石油及核燃料（C8）、化学品和化工产品（C9）部门的污染排放也非常多。

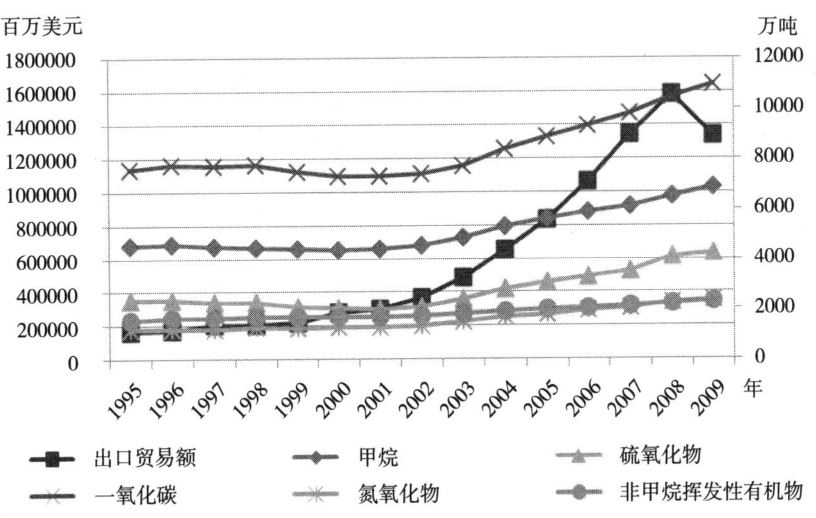

图 3-14　我国工业部门出口额与主要污染物排放量对比

资料来源：根据 WIOD 公布的污染物数据整理。

就全局而言，我国对外贸易发展非常迅速，出口贸易规模已居世界首位；对外贸易产品结构上，工业制成品占出口贸易的90%；对外贸易方式上，加工贸易与一般贸易基本持平。我国对外贸易迅猛发展的同时伴随着污染排放的增多，工业"三废"与我国进出口额具有明显的变动一致性。

从东中西部看，我国东中西部对外贸易表现极不平衡，东部地区外向型十分明显，对外贸易占全国总额的90%，经济总量占全国的50%—60%；中部和西部地区经济总量大体相同，中部略高于西部地区，中西部对外贸易均占全国的5%左右。污染排放方面，东部地区排放总量高于中部和西部地区，但是东部地区污染排放并未体现出如经济总量和对外贸易额相同的突出特点，原因在于东部地区较低的污染排放强度。另外，东中西部的进出口发展走势也与污染排放呈现相同的变动趋势。

从工业部门看，对外贸易活跃的部门逐渐从劳动密集型产业向资本密集型部门转化，如电子和光学设备已占出口的30%，传统的纺织等部门所占份额已不足15%，在出口中"两高一资"部门占据不小的比重。在出口贸易扩张的同时工业部门污染物排放总量也迅速增多，其增长变化与对外贸易呈现相似的变动趋势，二者具有一定相关性。

第四章　我国对外贸易的环境影响效应

本章借鉴对外贸易与环境污染一般均衡理论(ACT模型),运用计量经济学方法探讨对外贸易对我国环境产生的影响。首先基于省级面板数据,衡量我国对外贸易的规模、结构和技术效应,特别研究了我国对外贸易较发达的东部地区环境污染效应;其次基于工业行业面板数据,以垂直专业化分工为视角,衡量对外贸易的规模、结构和技术等效应。

本章将基于全要素生产率的角度对技术效应进行界定,并结合经济规模、资本劳动比、对外贸易壁垒、垂直专业化分工水平等因素综合考察我国对外贸易的环境影响效应。

一、基于省级面板数据分析

(一)回归模型设定

安特威勒、科普兰和泰勒指出决定污染排放量的经济因素内生于国际贸易,他们通过构建污染供给和污染需求方程,求得均衡解,模型结论表明污染排放由经济规模、结构和技术等因素决定并直接受对外贸易的影响①。

规模效应方面,一国对外贸易会促进经济增长,在结构和技术不变的条件下,经济规模扩大,污染排放会随之增加,因而随着经济规模的扩大环境质量会恶化;然而随着收入的增长,人们对优良环境质量的偏好逐步增强,消费者

① Antweiler, W., Copeland, B.R., Taylor, M.S., "Is Free Trade Good for the Environment?", *American Economic Review*, 2001, 91 (4): 877-908.

会倾向购买环境严格标准的产品，因此从这个角度来看，规模效应会促进环境质量的改善。

结构效应方面，根据要素禀赋理论对外贸易使得一国根据比较优势进行专业化生产，一般来说资本劳动比较高的国家（发达国家）其产品排放的污染较多，资本劳动比较低的国家（发展中国家）其产品排放的污染较少。结合国际贸易的实际情况，会发现往往发展中国家的环境破坏比发达国家更为严重，因此需要将环境因素作为一种要素进行考察，若将环境因素作为一种要素禀赋，那么结构效应具有不确定性，由于发达国家一般生产的环境标准较高，发展中国家环境规制标准较低，因此会出现发达国家将“污染密集型”产品向发展中国家转移的现象，即所谓的“污染天堂”效应。

技术效应方面，对外贸易会因引进先进技术带来生产技术的提高，对外贸易所引致的技术扩散对环境起的积极作用获得了大多数学者的认可。一方面，国际贸易带来收入水平的提高，也会使得人们倾向使用“清洁生产技术”，技术因素有利于污染减排；另一方面，由于发展中国家输往国外的产品往往具有较高环境规制标准，这促进出口企业使用环境友好型技术，同时一国贸易开放会带来先进技术转移和扩散，进而带来对环境有利的影响。

受此模型的启发，笔者建立回归方程：

$$gas_{it} = \alpha_0 + \alpha_1 gdp_{it} + \alpha_2 kl_{it} + \alpha_3 kl_{it}^{\ 2} + \alpha_4 TE_{it} + \alpha_5 b_{it} + \varepsilon_{it} \tag{4.1}$$

$$solid_{it} = \alpha_0 + \alpha_1 gdp_{it} + \alpha_2 kl_{it} + \alpha_3 kl_{it}^{\ 2} + \alpha_4 TE_{it} + \alpha_5 b_{it} + \varepsilon_{it}$$

其中，gas_{it}为工业废气排放量，$solid_{it}$为工业废物产生量，gdp_{it}为国内生产总值，kl_{it}为资本劳动比，TE_{it}为全要素生产率中的技术进步，b 为贸易壁垒，i 为省份，t 为年份。实证研究的样本为我国 29 个省、自治区和直辖市 2001—2011 年的省级面板数据，由于数据缺失不研究西藏、台湾、香港和澳门地区，具体省、自治区和直辖市见表 4-1，关于各变量选择与数据来源说明如下：

（1）*gas* 和 *solid*，分别为工业废气排放量和工业固体废物产生量，各省市工业废气排放量和工业固体废物产生量数据来源于 2001—2011 年《中国环境统计年鉴》。

（2）*gdp* 为各省、自治区和直辖市的名义国内生产总值，数据来源于 2001—2011 年《中国统计年鉴》，笔者将其调整成以 2000 年为基期的实际值。

用此项代表对外贸易对环境污染的规模效应,预期该项符号为正,表示经济规模扩张有促进污染排放作用。

(3)*TE* 为技术进步,用来代表对外贸易对环境影响的技术效应。目前很多学者处理技术效应时基本有两种做法,一是将之与规模效应综合到一起,因此回归结果反映的是技术和规模效应的共同作用,二是用收入代替技术效应,回归结果往往易和规模效应产生混淆。罗宾森(Robinson)和索贝克(Thorbecke)认为对外贸易可以提升全要素生产率①,颜鹏飞和王兵的研究结论也表明经济开放对全要素生产率和技术进步具有正的作用②。笔者也赞同这一观点,选取全要素生产率分解出的技术进步 *TE* 作为自变量,用该变量衡量对外贸易引致的技术进步对环境污染的影响效应,预期符号为负表示技术进步对污染有减排作用。对各省的全要素生产率的计算使用 DEA 数据包络分析方法。

(4)*kl* 为资本劳动比数据,资本用当年固定资产投资数量表示,并以固定资产投资价格指数调整成以 2000 年为基期的实际值;劳动力人数用各省人口代替;资本和劳动力数据来源于 2000—2011 年《中国统计年鉴》。用 *kl* 代表对外贸易对环境污染的结构效应,根据我国各省资本劳动比数据,笔者发现我国资本劳动比明显上升,特别是我国东部地区资本劳动比高于全国平均水平,预期符号为正,表示资本劳动比上升会促进污染排放,kl^2 项验证此项与污染排放是否存在倒"U"形关系。

(5)*b* 为贸易壁垒,也称为贸易开放度,是各省市自治区进出口总额与当地 GDP 的比值,进出口额来源于历年《中国统计年鉴》。*b* 值越大代表贸易壁垒越低,也意味着贸易自由化程度越高。关于贸易壁垒对环境的影响与时期有一定关系,贸易壁垒越低,在短期内进出口量会随之增多,特别是出口量的增多会增加污染排放,随着时间的推移,贸易的进一步开放,国际先进技术的

---

① De Melo, J.S.Robinson, *Productivity and Externalities: Models of Exported Growth*, Memo.90.10, University of Geneva, Geneva, 1990; Rogrigo, G., E. Thorbecke, Sources of Growth: A Reconsideration and General Equilibrium Application to Indonesia, *World Development*, 1997, 25(10):1609-1625.

② 颜鹏飞、王兵:《技术效率、技术进步与生产率增长:基于 DEA 的实证分析》,《经济研究》2004 年第 12 期。

流入，贸易的开放将会对一国环境产生积极影响。

笔者以全国和东部地区两个角度进行回归，之所以要特别对东部地区进行考察，在于我国东部地区对外贸易比较发达，东部地区贸易量占全国的90%。那么东部地区对外贸易的环境影响效应是否因此而有异于全国以及其他地区的效应？笔者建立了4个模型，其中模型1和模型3的样本为全国，模型2和模型4的样本为东部地区。

（二）各省全要素生产率的计算

TE是全要素生产率（TFP）的一部分，全要素生产率TFP可以分解为技术进步、技术效率和规模效率三部分。笔者采用DEA-曼奎斯特指数衡量我国29个省、自治区、直辖市的全要素生产率TFP。DEA-曼奎斯特指数具有很多优点，如不需要设定生产函数形式，不需要生产处于有效的路径上，同时它还能够对全要素生产率进行分解。

在计算曼奎斯特指数时需要产出变量和投入变量，产出变量为各省实际GDP，投入变量是实际资本存量和劳动力人口。其中我国各省资本存量的衡量比较复杂，它的计算涉及固定资产投资、折旧率及基期资本存量，基本公式为：

$$K(t) = K(t-1)(1-\delta) + I(t) \tag{4.2}$$

其中，$I(t)$为本期固定资产投资实际值，$K(t-1)$为上期资本存量，δ为折旧率。

（1）基期资本存量K，张军等对我国各省物资资本存量做了全面的计算①，以此为基础，笔者选取2000年物资资本存量为基期，计算2000—2011年各省物资资本存量。

（2）固定资产投资$I(t)$，笔者用2000年的固定资产投资价格指数将固定资产投资名义值转化成实际值，固定资产投资名义值来源于2000—2012年《中国统计年鉴》。

① 张军、吴桂英、张吉鹏：《中国省际物质资本存量估算：1952—2000》，《经济研究》2004年第10期。

(3)折旧率δ,Wu① 和颜鹏飞等均是采用5%作为折旧率②,笔者也采用这一数值。我国各省、自治区、直辖市的曼奎斯特生产率指数计算结果如表4-1所示,笔者选取曼奎斯特中的TE部分,该指数为环比指数,此外以2000年为基期把TE调整成同比指数,至此模型所需变量均已处理完毕。

表4-1　2001—2011年各省、自治区、直辖市曼奎斯特生产率指数

地区	00—01	01—02	02—03	03—04	04—05	05—06	06—07	07—08	08—09	09—10	10—11
北京	1.151	1.036	1.491	0.871	1.069	0.945	0.942	1.012	0.712	1.026	0.839
天津	1.181	0.978	1.531	0.84	1.064	0.765	1.155	0.787	0.695	1.054	0.878
河北	1.16	1.322	0.955	0.815	1.042	0.807	1.076	0.876	0.66	0.991	0.877
山西	1.115	1.374	1.084	0.731	0.996	0.856	0.956	0.76	0.894	0.99	0.917
内蒙古	0.99	1.507	0.98	0.93	1.129	0.905	0.878	0.744	0.867	1.136	0.831
辽宁	0.962	1.453	0.989	0.898	1.275	0.915	0.811	0.708	0.869	1.084	1.01
吉林	0.965	1.397	0.957	0.917	1.201	0.889	0.948	0.674	0.894	1.091	0.975
黑龙江	1.182	1.19	0.964	0.927	1.213	0.89	1.117	0.594	0.948	1.039	0.957
上海	1.109	1.275	0.995	0.903	1.238	0.839	0.977	0.871	0.719	1.114	0.899
江苏	1.091	1.215	1.187	0.793	1.305	0.761	0.972	0.882	0.87	0.944	0.843
浙江	1.057	1.286	1.201	0.793	1.249	0.727	0.916	0.949	0.735	1.558	0.482
安徽	1.025	1.374	1.234	0.775	1.243	0.883	0.892	1.004	0.724	1.466	0.621
福建	0.834	1.492	1.285	0.75	1.163	1.052	0.724	1.06	0.694	1.436	0.542
江西	0.84	1.455	1.344	0.714	1.09	0.881	1.404	0.661	0.667	1.436	0.583
山东	0.751	1.317	1.175	0.705	0.97	0.864	1.446	0.883	0.486	1.452	0.585
河南	0.675	1.351	1.202	0.745	0.859	0.828	1.582	0.738	0.961	0.968	0.607
湖北	0.557	1.461	1.478	0.758	0.749	0.821	1.699	0.723	0.961	1.124	0.555
湖南	0.511	1.293	1.822	0.708	0.88	0.779	1.713	0.686	1.01	0.956	1.077

① Wu Yanrui, Is China's Economic Growth Sustainable? A Productivity Analysis, *China Economic Review*, 2000, (14): 278-296.

② 颜鹏飞、王兵:《技术效率、技术进步与生产率增长:基于DEA的实证分析》,《经济研究》2004年第12期。

续表

地区	00—01	01—02	02—03	03—04	04—05	05—06	06—07	07—08	08—09	09—10	10—11
广东	0.469	1.253	1.834	0.671	0.747	1.935	0.822	0.686	1.01	0.92	1.112
广西	0.777	0.806	1.982	0.592	0.755	1.914	0.989	0.639	0.967	0.848	1.171
海南	0.763	1.004	1.776	0.558	0.73	1.988	0.941	0.876	0.774	0.821	1.235
四川	0.693	0.832	1.45	0.777	0.755	1.89	0.97	0.85	0.875	0.667	1.289
贵州	0.623	0.901	1.453	0.87	0.655	1.723	1	0.832	0.76	1.029	1.001
云南	0.557	0.951	1.492	0.664	1.494	1.022	1.065	0.786	0.742	1.033	1.322
陕西	0.857	1.008	1.497	0.643	1.51	1.108	1.046	0.728	0.714	1.05	1.178
甘肃	0.918	0.909	1.441	0.6	1.599	1.016	0.915	0.73	0.7	1.078	1.25
青海	0.779	1.331	0.925	0.574	1.677	1.014	0.894	0.871	0.592	1.081	1.25
宁夏	0.772	1.249	0.978	0.543	1.675	0.967	0.927	0.741	0.962	0.862	1.28
新疆	0.782	1.182	0.906	1.191	0.841	1.006	0.913	0.724	1.007	1.253	1.051

（三）回归结果分析

模型 1 至模型 4 的主要变量的统计性描述见表 4-2 和表 4-3。在对模型进行回归之前要进行单位根检验，面板数据单位根检验有两种类型，相同单位根过程用 LLC（Levin-Lin-Chu）检验，不同单位根过程用 Fisher-ADF 和 Fisher-PP 检验。模型 1 至模型 4 的各变量均通过单位根检验，单位根检验表明模型 1 至模型 4 各变量为一阶平稳序列，如表 4-4 和表 4-5 所示。

表 4-2 变量统计描述——全国（模型 1 和模型 3）

变量	意 义	单位	观测值	均值	最大值	最小值
gas	工业废气排放总量	亿标立方米	348	11300	77185	434
solid	工业固体废物产生量	万吨	348	5472	45129	91
gdp	国内生产总值	亿元	348	6810	34708	264
kl	资本劳动比	万元/人	348	0.865	3.820	0.106
TE	技术进步	—	348	0.954	1.822	0.518
b	贸易壁垒	—	348	0.349	1.843	0.036

资料来源：笔者整理。

表 4-3　变量统计描述——东部地区(模型 2 和模型 4)

变量	意　义	单位	观测值	均值	最大值	最小值
gas	工业废气排放总量	亿标立方米	132	14681	77185	434
solid	工业固体废物产生量	万吨	132	5738	45128	91
gdp	国内生产总值	亿元	132	10477	34708	518
kl	资本劳动比	万元/人	132	1.161	3.820	0.252
TE	技术进步	—	132	0.982	1.812	0.531
b	贸易壁垒	—	132	0.748	1.843	0.085

资料来源：笔者整理。

表 4-4　模型 1 和模型 3 各变量单位根检验——全国

	检验方法	*gas*		*solid*		*gdp*		*kl*		*TE*		*b*	
		统计值	P 值	统计值	P 值	统计值	P 值	统计值	P 值	统计值	P 值	统计值	P 值
一阶差分	LLC	-5.1	0.00	-4.8	0.00	-8.1	0.00	-7.3	0.00	-16.5	0.00	-11.9	0.00
	ADF	123	0.00	108.8	0.01	78.4	0.4	141.1	0.00	172.4	0.00	133.2	0.00
	PP	147	0.00	124	0.00	99.8	0.00	82.1	002	332.3	0.00	242.5	0.00

资料来源：笔者整理。

表 4-5　模型 2 和模型 4 各变量单位根检验——东部地区

	检验方法	*gas*		*solid*		*gdp*		*kl*		*TE*		*b*	
		统计值	P 值	统计值	P 值	统计值	P 值	统计值	P 值	统计值	P 值	统计值	P 值
一阶差分	LLC	-6.8	0.00	-1.7	0.04	-4.6	0.00	-4.2	0.00	-12.3	0.00	-6.4	0.00
	ADF	50.0	0.00	30.7	0.10	34.2	0.05	37	0.02	72.0	0.00	48.9	0.00
	PP	79.4	0.00	43.8	0.00	44.9	0.00	40.6	0.01	137.7	0.00	68	0.00

资料来源：笔者整理。

单位根检验之后需要进行协整关系检验，协整检验是考察变量间长期均衡关系的方法。协整是指若两个或多个非平稳的变量序列，其某个线性组合后的序列呈平稳性。协整关系检验主要有 Pedroni、Kao、Johansen 的方法，笔者使用 Pedroni 检验，该检验方法允许异质面板的存在。

表 4-6　模型 1 至模型 4 协整关系检验

类别	统计量	模型 1 各变量		模型 2 各变量		模型 3 各变量		模型 4 各变量	
		统计值	P 值	统计值	P 值	统计值	P 值	统计值	P 值
组内统计量	Panel v Statistic	-2.148	0.040	-2.82	0.008	-6.245	0.000	-3.384	0.001
	Panel rho Statistic	2.635	0.012	2.435	0.021	6.088	0.000	3.243	0.002
	Panel pp Statistic	-5.308	0.000	-8.513	0.000	-7.700	0.000	-5.787	0.000
	Panel ADF Statistic	-3.933	0.000	-6.016	0.000	-2.730	0.010	-7.283	0.000
组间统计量	Group rho-Statistic	5.473	0.000	3.736	0.000	8.295	0.000	4.533	0.000
	Group pp Statistic	-2.795	0.008	-13.495	0.000	-18.101	0.000	-8.193	0.000
	Group ADF Statistic	-3.795	0.000	-4.980	0.000	-2.650	0.012	-3.614	0.000

资料来源:笔者整理。

表 4-6 的协整关系检验表明各变量具有协整关系。面板数据模型分为固定效应和随机效应两种,两者的选择应用豪斯曼(Hauseman)检验来决定,表 4-7 的结果显示,应用固定效应模型较为合适。

表 4-7　Hauseman 检验结果

	Test Summary	Chi-Sq.statistic	Chi-Sq.d.f.	P 值
模型 1	Cross-section random	11.559	6	0.073
模型 2	Cross-section random	7.593	5	0.180
模型 3	Cross-section random	11.600	6	0.073
模型 4	Cross-section random	7.774	5	0.169

全国和东部地区工业废气和工业固体废物的固定效应回归结果见表 4-8。

表 4-8　全国和东部地区工业废气和固体废物固定效应估计结果

污染物	工业废气		工业固体废物	
解释变量	模型 1(全国)	模型 2(东部)	模型 3(全国)	模型 4(东部)
c	1885.334** (838.27)	2697.533* (1990.578)	2140.613*** (483.408)	1754.534** (896.167)
gdp	0.899*** (0.059)	0.907*** (0.103)	0.262*** (0.028)	0.173*** (0.054)

续表

污染物	工业废气		工业固体废物	
解释变量	模型 1(全国)	模型 2(东部)	模型 3(全国)	模型 4(东部)
kl	8044.480*** (615.582)	7438.149*** (2403.537)	4460.29*** (416.933)	5221.887*** (1383.847)
kl^2	-1644.073*** (180.239)	-1570.497*** (528.865)	-834.599*** (142.279)	-1042.48*** (302.179)
TE	—	—	—	—
TE(-1)	-1461.578** (713.956)	—	—	—
TE(-2)	—	-4473.384*** (1464.016)	-1451.056*** (426.559)	-3047.071*** (852.428)
b	3612.478** (1619.962)	1935.462* (1530.305)	—	—
b(-1)	-4376.913*** (1503.423)	—	2081.259** (921.540)	1560.992** (810.569)
b(-2)	—	—	-1715.716** (859.464)	—
R^2	0.936	0.958	0.938	0.950
$Adj.R^2$	0.928	0.952	0.930	0.941
F 值	121.886	143.4694	113.742	117.725
F 值概率	0.000	0.000	0.000	0.000
DW 值	1.166	1.098	0.856	0.688

注:TE(-1)和 TE(-2)分别为 TE 的一期、二期滞后项,b(-1)和 b(-2)分别为 b 的一期、二期滞后项。***、**、*分别代表 1%、5%、10%的显著性水平,括号内数值是系数的标准差。

表 4-9　我国工业废气和固体废物排放相关弹性①

	工业废气		工业固体废物	
相关弹性	模型 1(全国)	模型 2(东部)	模型 3(全国)	模型 4(东部)
规模弹性	0.542	0.647	0.325	0.315

① 弹性计算是对变量求一阶偏导后再与相应变量均值相乘,以规模弹性为例,规模弹性为 $\frac{\partial gas}{\partial gdp} \times \frac{gdc}{gas}$。

续表

	工业废气		工业固体废物	
结构弹性	0.364	0.400	0.441	0.635
技术弹性(滞后1)	-0.112	—	—	—
技术弹性(滞后2)	-	-0.299	-0.264	-0.545
贸易壁垒弹性(当期)	0.111	0.099	—	—
贸易壁垒弹性(滞后1)	-0.136	—	0.133	0.208
贸易壁垒弹性(滞后2)	—	—	-0.110	—

根据回归结果计算相关弹性如表4-9所示，从回归结果来看，各变量的系数符号与预期基本一致，我们分别从全国和东部地区两个角度讨论规模、结构和技术等效应的特点和不同。

从全国角度进行回归的结果分析，第一，规模效应方面，经济规模一次项系数为正，该项符号和理论预期相同，表明由于对外贸易扩大，刺激资源使用和能源消耗，在经济得到增长的同时带来了污染排放的增多。从弹性来看，经济规模增加1%会使得工业废水和工业固体废物分别增加0.542%和0.325%。从我国改革开放以来的经济发展历程来看，我国经济发展的出口导向型非常明显，对外贸易对我国经济发展的推动作用尤其突出，特别是加入世贸组织以来，我国对外贸易以每年20%—30%的速度增长，2009年我国出口规模跃居世界首位，我国经济增长对外贸的依赖性逐渐增强，出口占GDP比重约1/3，这一比重还曾一度接近40%，可以说对外贸易对我国经济增长具有重要的推动作用。另外，对外贸易的迅猛扩张也带动了能源、资源的消耗，产出增长的同时其副产品“污染”也随之增多，并且由于我国对外贸易规模扩张具有粗放型特点，“高污染、高耗能、资源型”产品如钢铁、化工产品占据一定比重，因此从规模效应角度来看，对外贸易对我国环境造成了不利影响，并且该不利影响程度较大，超过了结构和技术等方面因素的影响作用。

第二，结构效应方面，资本劳动比的一次项系数为正，二次项系数为负，说明存在要素禀赋与污染排放的倒“U”形特征，说明在资本劳动比较低时，随着资本劳动比的上升，污染排放会随之增多，当资本劳动比上升到一定程度之后，资本劳动比的增加，污染排放会减少。从弹性角度看，我国资本劳动比上升1%，会使得两种污染物分别增加0.364%和0.441%。从我国资本劳动比数值来看，资本劳动比在2000—2011年间上升的比较明显，而资本劳动比的增加意味着资本密集型产业的增多，生产中固定资本的驱动必然意味着能源消耗和污染排放的增多。但值得注意的是，近年来我国高新技术产业在经济增长以及对外贸易中的地位逐步上升并逐渐占据主体地位，如电子和光学设备、机械及电气产品、交通运输设备，这些产业出口量约占我国出口总量的40%。这些部门相比“两高一资”部门不仅具有资本密集的特点，同时这些部门还具有科技含量高、污染排放较小的特点，因此，随着这些产业的发展壮大以及在对外贸易主体地位的日益增强，我国环境污染减排压力会逐步变小。不过目前从整体效果来看，结构效应的回归结果反映出对外贸易对我国环境已造成不利影响。

第三，技术效应方面，新经济增长理论的研究结果表明一国技术进步是经济增长的关键因素，在开放经济状态下，一国的技术进步不仅取决于本国的技术创新能力，还取决于本国对国外技术的模仿、吸收、再创新，即技术扩散，国际贸易是技术扩散的重要渠道，通过商品在国际间的流动而产生的技术溢出会提高一国的生产效率。技术进步对环境质量的影响既体现在生产技术的进步上，又体现在污染治理技术上。在开放经济状态下，已有相关成果证实技术进步对污染的减排效应。从全国实证研究结果看，代表技术效应的TE不会对当期污染排放产生影响，在工业废水和工业固体废物上，分别是一期滞后和二期滞后对污染产生减排作用，即国际贸易引致的技术进步具有滞后性，中长期内技术效应的污染减排作用才能体现。技术进步（滞后1期）增加1%会使得废水排放减少0.112%，技术进步（滞后2期）增加1%使得废物排放减少0.264%。总体来讲技术进步对我国环境质量改善起到积极作用。

第四，贸易壁垒效应方面，在工业废水上，贸易壁垒降低会使得当期污染排放增多，滞后1期对污染有减排作用；在工业废物上，贸易壁垒对污染减排的滞后性更明显，滞后2期才会达到污染减排的效果。从弹性值来看，在工业废水上，当期贸易壁垒降低 1%使得废水增加排放 0. 111%，滞后 1 期会使得废水减排 0. 136%；在工业废物上，贸易壁垒（滞后 1 期）降低 1%使得工业固体废物增加 0. 133%，滞后 2 期会使得废物减少排放 0. 110%。

这也符合实际情况，因为贸易壁垒的降低意味着短期内进出口额的增多，特别是我国出口明显大于进口，所以短期内为了生产出口产品，污染排放会随之增加，但是从中长期看，对外贸易有利于清洁技术的引进和使用，特别是对出口导向型企业来讲，更容易采用先进的国际化生产技术。由于近年来，西方发达国家频频设置的“绿色贸易壁垒”“环境贸易壁垒”对出口企业清洁化生产提出了更高的要求，因此从中长期看，对外贸易有利于我国清洁技术的使用，进而产生污染减排的效果。

可见，从全国数据回归的结果来看，规模效应和结构效应对污染排放起促进作用，其中规模效应尤为突出；技术效应和贸易壁垒效应在中长期内对污染起抑制作用；规模和结构效应促进污染排放的作用超过了技术和贸易壁垒效应的污染减排作用，总体上全国数据回归结果表明对外贸易对环境起到消极作用。

从东部地区角度进行回归的结果分析，规模、结构和技术等效应的回归符号虽与全国基本相同，但影响效应体现的强弱不同。

第一，规模效应方面，东部地区经济规模增加 1%会使得该地区两种污染物分别增加 0. 647%和 0. 315%，尤其是工业废气上的弹性为 0. 647，超过全国 0. 542 的数值。东部地区规模效应的程度显著高于全国规模效应的作用，这与东部地区发达的对外贸易有直接关系，东部对外贸易占全国贸易总量的 90%以上，对外贸易对当地 GDP 的贡献在 40%—50%，个别年份达 60%。因此东部地区由于对外贸易对经济增长的强力拉动对污染产生的影响就比较明显，超过了全国平均水平。

第二，结构效应方面，资本劳动比上升 1%，会使得工业废水和工业废物分别增加 0. 4%和 0. 635%，两种污染物的结构弹性都比全国弹性高（全国为 0. 364 和 0. 441），东部地区资本劳动比均值为 1. 161（见表 4-3），远高于全国的 0. 865（见表 4-2），因此东部地区资本劳动比的上升带来污染排放的效果较全国显著。

第三，技术效应方面，东部地区的工业废水和废物的弹性分别为-0.299和-0.545，也就是说东部地区技术进步增加1%，会使得两种污染物分别下降0.299%和0.545%，这一数值远大于全国0.112%和0.264%的水平。东部地区技术进步TE均值为0.982（见表4-3），全国均值为0.954（见表4-2）。东部地区是我国率先开放的地区，一方面通过出口贸易参与国际竞争提升了生产效率，另一方面通过进口贸易引进先进技术设备，因此东部地区通过对外贸易途径而引发的技术进步效应非常明显；同时东部地区由于收入水平的提高对清洁生产技术的需求也远高于中西部地区，因而东部地区由对外贸易引致的污染减排效果也高于全国减排效果。

对外贸易几种典型环境效应的作用机制比较复杂，规模效应、结构效应和技术效应表现的方式并不相同，总体来讲，在研究期内，对外贸易对我国环境起消极作用，规模效应和结构效应对环境质量起消极作用，技术效应对环境改善起积极作用，但目前规模效应和结构效应大于技术效应。但东部地区的效应表明，虽然对外贸易的快速扩张带来了环境损害，但是对外贸易带来的技术引进、技术扩散大大抵消了因规模扩张和结构不合理带来的消极影响。因此，从政策层面上来讲，应将东部地区先进技术效应扩散到中部和西部地区，进而带动我国整体的技术进步和升级，更大程度地抵消粗放型经济贸易扩张产生的不利环境效应。

二、基于工业行业面板数据分析

——垂直专业化分工视角

第二次世界大战以来，国际贸易模式悄然发生着变化，逐渐从产业间的交换发展成产业内贸易模式，一个产业内部甚至一种产品内的生产被分割在不同国家，产品的零部件在不同国家生产后在国际间传递转移，最终在一国加工成成品再进行国际贸易交换。“垂直专业化分工”“价值链生产”“产业内贸易”“外包”“加工贸易”等术语和词汇均是从不同角度对这一国际分工和国际贸易模式的概括。

我国作为对外贸易大国是目前国际垂直专业化分工体系中的重要一员，我国对外贸易90%集中于工业制成品，在工业制成品内部，作为垂直专业化分工表现形式的加工贸易占据重要地位,因此在探讨我国对外贸易的环境效应时,不能忽视垂直专业化分工的因素。

(一)回归模型设定

为反映垂直专业化分工对环境污染的影响,在 ACT 模型中增加垂直专业化分工变量。

$$\ln e_{it} = \alpha_0 + \alpha_1 \ln scale_{it} + \alpha_2 \ln kl_{it} + \alpha_3 \ln TE_{it} + \alpha_4 \ln VSS_{it} + \varepsilon_{it} \quad (4.3)$$

其中,e_{it}为人均污染物排放量,$scale_{it}$为工业部门人均增加值,即人均产出规模,kl_{it}为工业部门人均资本存量,VSS_{it}代表工业部门垂直专业化分工水平,TE_{it}为全要素生产率中的技术进步,代表技术水平,i 为行业,t 为年份。实证研究的样本为世界投入产出表中 16 个工业部门 2002—2009 年的面板数据,具体工业部门见表 4-10,各变量含义与数据来源为:

(1)污染排放 e,主要选取四类大气污染物的人均排放量作为污染排放指标:硫氧化物(SO_X)、二氧化碳(CO_2)、一氧化二氮(N_2O)、甲烷(CH4),污染物排放数据来自 WIOD 公布的工业污染物排放数据。

(2)人均工业增加值 *scale*,由于《中国统计年鉴》只公布了我国 2001—2007 年工业增加值,为保持统计口径一致性,采用 WIOD 世界投入产出表中各工业部门增加值数据,并用当年的美元兑人民币汇率转化成人民币值,再用 2001 年为基期的按工业行业细分的工业品出厂价格指数调整成实际值,合并部门的生产者出厂价格指数按权重取平均值。用 *scale* 变量代表对外贸易对环境污染的规模效应,由于对外贸易扩张会促进工业生产,进而同步引起污染排放增多,因此预期符号为正。

表 4-10 世界投入产出表工业部门

编号	部门	编号	部门	编号	部门
C2	采掘业	C8	焦炭、精炼石油及核燃料	C14	电子和光学设备
C3	食品、饮料和烟草	C9	化学品和化工产品	C15	交通运输设备
C4	纺织业	C10	橡胶和塑料制品	C16	其他制造业及回收业

续表

编号	部门	编号	部门	编号	部门
C5	皮革及其制品业	C11	其他非金属矿产品	C17	电力、热力、水的供应业
C6	木材、木材产品和软木	C12	基本金属和金属制品	—	—
C7	纸浆、纸张、印刷和出版	C13	机械及电气产品	—	—

资料来源：根据 WIOD 世界投入产出表整理。

(3)工业行业的人均资本存量 kl，采用全部国有及规模以上非国有工业企业固定资产净值年平均余额来表示资本存量，并用 2001 年固定资产价格指数调整成实际值；以全行业从业年平均人数来表示劳动力人数，资本存量和劳动力数据来源于历年《中国统计年鉴》。用 kl 代表对外贸易对环境污染影响的结构效应，该项符号比较复杂，当人均资本存量较低时，生产以劳动密集为主，污染的排放量不会太多，此时结构效应预期为负，当资本密集程度逐渐增大时，引起的污染排放就越多，结构效应预期为正，当资本存量增加到一定阶段后，随着高新技术行业的增多，污染排放会随之减少，结构效应预期为负。

(4)工业行业垂直专业化分工程度 VSS，衡量我国垂直专业化分工的指标。用此项代表垂直专业化分工对环境污染的影响效应。

(5)工业行业技术水平，选取工业行业全要素生产率 TFP 中的技术进步 TE 衡量技术水平。由于国际贸易会带来明显的技术进步效应，特别是参与到国际垂直专业化分工中的产业，其生产效率会因专业化而大大提升，预期符号为负。

(二)我国工业部门垂直专业化分工水平的度量

投入产出模型中核心部分为：

$$A = A^D + A^M \tag{4.4}$$

$$A^D = \begin{bmatrix} a^D{}_{11} & a^D{}_{12} & \cdots & a^D{}_{1n} \\ a^D{}_{21} & a^D{}_{22} & \cdots & a^D{}_{2n} \\ \vdots & \vdots & & \vdots \\ a^D{}_{n1} & a^D{}_{n2} & \cdots & a^D{}_{nn} \end{bmatrix}, A^M = \begin{bmatrix} a^M{}_{11} & a^M{}_{12} & \cdots & a^M{}_{1n} \\ a^M{}_{21} & a^M{}_{22} & \cdots & a^M{}_{2n} \\ \vdots & \vdots & & \vdots \\ a^M{}_{n1} & a^M{}_{n2} & \cdots & a^M{}_{nn} \end{bmatrix}$$

其中,A^D表示国内消耗系数矩阵,第 i 行第 j 列的元素 a_{ij}^D表示 j 部门每生产 1 单位产出需要投入的 i 部门的国内中间品的数量,$a^D{}_{ij} = \frac{X^D{}_{ij}}{X_j}$。

A^M是进口消耗系数矩阵,第 i 行第 j 列的元素 a_{ij}^M表示 j 部门每生产 1 单位产出需要投入的 i 部门的进口中间品数量,$a^M{}_{ij} = \frac{X^M{}_{ij}}{X_j}$。

VS=进口的中间投入品/总产出×出口 = 出口/总产出×进口的中间投入品

由上式可以看出,VS 指的是出口品中所包含的进口中间投入品的量。若一国在出口产品的生产中没有使用进口的中间投入品,或者一国根本不出口产品,那么 $VS=0$。

一国 VS 和 VSS 指标计算方法为:

$$VS = \mu A^M (I - A^D)^{-1} X^V \tag{4.5}$$

$$VSS = \frac{VS}{X} = \frac{1}{X} \mu A^M (I - A^D)^{-1} X^V \tag{4.6}$$

某产业 VS 和 VSS 计算方法为:

$$VS_i = \mu A^M (I - A^D)^{-1} X_i{}^V \tag{4.7}$$

$X_i{}^V = [0 \quad \dots \quad x_i \quad \dots \quad 0]^T$为(n×1)维向量,$i$ 行元素为 i 部门的出口量,其余元素为零,X_i为总出口。

$$VSS_i = \frac{VS_i}{X_i} = \frac{1}{X_i} \mu A^M (I - A^D)^{-1} X_i{}^V \tag{4.8}$$

综上可以得到, $VSS_i = \mu A^M (I - A^D)^{-1}$ (4.9)

根据公式(4.9)计算得到我国工业部门垂直专业化分工指数,结果见表 4-11。

表 4-11 2002—2009 年我国工业部门垂直专业化分工指数

部门编号	2002	2003	2004	2005	2006	2007	2008	2009
C2	0. 087	0. 108	0. 134	0. 141	0. 148	0. 150	0. 143	0. 119
C3	0. 078	0. 095	0. 112	0. 111	0. 113	0. 111	0. 115	0. 095

续表

部门编号	2002	2003	2004	2005	2006	2007	2008	2009
C4	0. 180	0. 189	0. 206	0. 194	0. 182	0. 169	0. 156	0. 129
C5	0. 179	0. 187	0. 207	0. 193	0. 181	0. 169	0. 162	0. 133
C6	0. 132	0. 151	0. 172	0. 176	0. 178	0. 181	0. 162	0. 136
C7	0. 140	0. 161	0. 186	0. 188	0. 196	0. 199	0. 185	0. 161
C8	0. 242	0. 299	0. 336	0. 361	0. 406	0. 378	0. 425	0. 328
C9	0. 180	0. 210	0. 242	0. 248	0. 257	0. 247	0. 245	0. 200
C10	0. 185	0. 215	0. 252	0. 257	0. 259	0. 252	0. 237	0. 200
C11	0. 124	0. 143	0. 167	0. 170	0. 174	0. 171	0. 164	0. 138
C12	0. 173	0. 206	0. 245	0. 254	0. 249	0. 259	0. 259	0. 221
C13	0. 174	0. 206	0. 261	0. 259	0. 254	0. 253	0. 222	0. 192
C14	0. 288	0. 337	0. 387	0. 389	0. 376	0. 364	0. 327	0. 281
C15	0. 167	0. 207	0. 258	0. 255	0. 256	0. 249	0. 222	0. 195
C16	0. 132	0. 147	0. 164	0. 163	0. 160	0. 158	0. 147	0. 125
C17	0. 097	0. 123	0. 148	0. 158	0. 179	0. 176	0. 174	0. 145

从表 4-11 中可以看出，专业化水平比较高的部门为电子和光学设备(C14)、焦炭、精炼石油及核燃料(C8)、机械及电气产品(C13)、交通运输设备(C15)。电子和光学设备(C14)该部门垂直专业化指数最高，2005 年一度达到 0. 389，该部门进口和出口额均位居我国对外贸易首位。焦炭、精炼石油及核燃料(C8)的垂直专业化水平也较高，2002 年的指数为 0. 242，2009 年上升到 0. 328，这一数值已超越了电子和光学设备部门的垂直专业化指数。

(三)我国工业部门技术进步的测度

采用数据包络分析(DEA)来测算我国工业部门全要素生产率 TFP 的曼奎斯特指数。DEA 方法分为投入导向型和产出导向型，笔者使用投入导向型的 DEA 模型，以固定资产净值年平均余额和该部门平均劳动力从业人数为投入指标，以各工业部门工业增加值衡量总产出。其中工业增加值数据来自 WIOD 公布的世界投入产出表，用当年的美元兑人民币平均汇率转化成人民币值，再用 2001 年为基期的按工业行业细分的工业品出厂价格指数调整成实际值，合并部门的生产者出厂价格指数按权重取平均值，计算结果见表4-12。

表 4-12　2001—2009 年我国工业部门曼奎斯特生产率指数

部门编号	01—02	02—03	03—04	04—05	05—06	06—07	07—08	08—09
C2	1.024	1.04	1.18	0.887	0.974	1.065	0.874	1.269
C3	1.115	0.719	0.987	1.055	1.143	1.06	0.937	0.992
C4	1.017	0.842	0.967	1.026	1.082	1.055	1.075	0.98
C5	0.974	0.869	0.906	0.977	1.123	1.038	1.041	0.968
C6	1.063	0.628	0.958	0.943	1.074	1.022	0.960	0.928
C7	1.168	0.676	1.146	1.073	0.981	1.11	1.018	1.068
C8	1.152	0.864	1.235	0.851	0.793	1.157	0.922	1.152
C9	1.193	0.834	1.051	1.046	1.117	1.151	1.002	1.108
C10	1.106	0.599	0.951	0.930	1.104	1.057	1.004	1.045
C11	1.091	0.639	1.043	1.143	1.084	1.125	0.981	1.019
C12	1.163	0.792	1.016	0.980	1.123	1.053	0.997	1.22
C13	1.081	0.882	1.059	1.046	1.146	1.099	0.956	1.047
C14	1.151	0.815	1.053	0.972	1.13	0.996	1.002	0.963
C15	1.321	0.968	1.004	1.111	1.048	1.214	1.004	0.987
C16	1.113	0.934	0.688	0.796	1.266	1.033	0.873	0.974
C17	1.128	1.052	1.394	1.083	0.835	1.204	1.112	0.958

资料来源：根据历年《中国统计年鉴》及世界投入产出表相关数据计算。

经过 DEA 计算的指数可以分解为三部分，技术进步指数 TE、纯技术效率指数 PE 以及规模效率指数 SE，三项指数为环比指数，以 2001 年为基期将之转化成同比指数。

（四）回归结果分析

模型 5 至模型 8 分别为对四种污染物硫氧化物（SO_X）、二氧化碳（CO_2）、一氧化二氮（N_2O）、甲烷（CH_4）进行回归，主要变量的统计性描述见表 4-13。

表 4-13 变量统计描述

变量	意 义	单位	观测值	均值	最大值	最小值
$lnSO_X$	人均硫氧化物排放对数	吨/人	128	-2.889	1.664	-6.031
$lnCO_2$	人均二氧化碳排放对数	吨/人	128	-4.105	-0.024	-6.636
lnN_2O	人均一氧化二氮排放对数	吨/人	128	-8.024	-3.405	-11.145
$lnCH_4$	人均甲烷排放对数	吨/人	128	-5.395	1.365	-8.422
lnscale	人均工业增加值	万元/人	128	2.475	3.399	1.458
lnkl	人均资本存量	万元/人	128	2.321	4.700	0.670
lnVSS	垂直专业化分工水平	—	128	-1.664	-0.856	-2.553
lnTE	技术进步	—	128	-0.040	0.267	-0.284

资料来源:笔者整理。

面板数据模型首先需要对各变量进行单位根检验,各变量只有满足同阶方可进行下一步协整检验,如表 4-14 所示,模型 5 至模型 8 各变量的一阶差分序列都是平稳的。

表 4-14 模型 5 至模型 8 各变量单位根检验

检验方法	LLC		ADF-Fisher Chi-square		PP-Fisher Chi-square	
一阶差分	统计值	P 值	统计值	P 值	统计值	P 值
$lnSO_X$	-6.37	0.00	38.04	0.022	39.01	0.018
$lnCO_2$	-3.70	0.00	63.03	0.01	173.79	0.00
lnN_2O	-10.69	0.00	122.71	0.00	184.11	0.00
$lnCH_4$	-9.10	0.00	95.95	0.00	182.52	0.00
lnsacle	-6.02	0.00	66.92	0.00	81.70	0.00
lnkl	-6.36	0.00	78.29	0.00	83.82	0.00
lnTE	-10.87	0.00	95.11	0.00	82.93	0.00
lnVSS	-12.86	0.00	51.78	0.015	87.45	0.00

资料来源:笔者整理。

其次对模型进行协整关系检验,协整关系检验在于验证变量之间是否存在着长期稳定的关系,通过检验方可直接对原方程进行回归,此时的回归结果是较精确的。如表 4-15 所示模型 5 至模型 8 的各变量通过了协整检验。

单位根检验和协整关系检验之后，需要对面板数据模型进行设定形式检验，面板数据模型主要有固定效应和随机效应两种模型，使用豪斯曼方法进行选择，表 4-16 表明使用固定效应模型较为合适。

表 4-15　模型 5 至模型 8 各变量协整关系检验

	统计量	模型 5 各变量		模型 6 各变量		模型 7 各变量		模型 8 各变量	
		统计值	P 值	统计值	P 值	统计值	P 值	统计值	P 值
组内统计量	Panel v Statistic	-3. 354	0. 002	-4. 111	0. 000	-4. 110	0. 000	-3. 710	0. 000
	Panel rho Statistic	5. 090	0. 000	5. 054	0. 000	5. 054	0. 000	5. 450	0. 000
	Panel pp Statistic	-9. 901	0. 000	-11. 900	0. 000	-11. 900	0. 000	-3. 716	0. 000
	Panel ADF Statistic	-4. 923	0. 000	-3. 828	0. 000	-3. 828	0. 000	-1. 576	0. 000
组间统计量	Group rho-Statistic	6. 963	0. 000	7. 106	0. 000	7. 106	0. 000	7. 106	0. 000
	Group pp Statistic	-13. 719	0. 000	-14. 142	0. 000	-14. 142	0. 000	-14. 142	0. 000
	Group ADF Statistic	-8. 316	0. 000	-5. 015	0. 000	-5. 015	0. 000	-5. 015	0. 000

资料来源：笔者整理。

表 4-16　模型 5 至模型 8 豪斯曼检验结果

	Test Summary	Chi-Sq.statistic	Chi-Sq.d.f.	P 值
模型 5	Cross-section random	37. 912	5	0. 000
模型 6	Cross-section random	35. 954	5	0. 000
模型 7	Cross-section random	16. 331	5	0. 006
模型 8	Cross-section random	17. 720	5	0. 003

资料来源：笔者整理。

为了降低截面异方差的影响，采用 Cross Section Weights 方法进行广义最小二乘（GLS）估计，回归结果见表 4-17，四种污染回归结果与理论预期基本一致。下面分别就规模、结构、技术等主要效应加以说明。

第一，规模效应方面，CO_2、N_2O、CH_4的估计结果表明，经济规模滞后一期与污染排放呈正向相关。弹性方面，当经济规模每增长 1%时，SO_X、CO_2、N_2O、CH_4的排放分别增加 0. 889%、0. 126%、0. 167%和 0. 089%，这也和理论预期相符，说明了经济规模对污染排放的促进作用。

第二，结构效应方面，四种污染物的结构弹性分别均为正数，资本劳动比上升 1%，SO_X、CO_2、N_2O、CH_4分别上升 0. 001%、0. 071%、0. 171%和 0. 273%。

结构效应为正与我国工业领域的对外贸易部门有密切关系，我国对外贸易主要集中在工业部门领域，工业制造业占对外贸易总额的 90%以上，在工业制造业内部，资本密集型产业的份额已经超越了传统的劳动密集型部门，传统的劳动密集型产业如纺织业出口份额已下降到出口总额的 12%左右。资本密集型部门在对外贸易中地位的日渐上升促进了国内环境污染排放的增多。

表 4-17　四种大气污染物固定效应估计结果

	模型 5	模型 6	模型 7	模型 8
解释变量	$lnSO_X$	$lnCO_2$	lnN_2O	$lnCH_4$
c	-2. 865*** (0. 921)	-4. 336*** (0. 197)	-8. 513*** (0. 212)	-6. 086*** (0. 217)
$lnscale$	—	—	—	—
$lnscale(-1)$	—	0. 126*** (0. 045)	0. 167*** (0. 043)	0. 089** (0. 038)
$(lnscale)^2$	-0. 154*** (0. 059)	—	—	—
$lnkl$	-2. 496*** (0. 483)	-0. 625*** (0. 110)	-0. 836*** (0. 122)	-0. 303*** (0. 115)
$(lnkl)^2$	0. 538*** (0. 083)	0. 150*** (0. 021)	0. 217*** (0. 025)	0. 124*** (0. 020)
$LnTE$	—	—	—	—
$lnTE(-1)$	-0. 833** (0. 332)	-0. 492*** (0. 070)	-0. 507*** (0. 071)	-0. 411*** (0. 066)
$lnVSS$	—	—	—	—
$lnVSS^2$	-0. 993*** (0. 159)	-0. 118*** (0. 027)	-0. 189*** (0. 032)	-0. 113*** (0. 029)
R^2	0. 980	0. 999	0. 999	0. 999
$Adj.R^2$	0. 975	0. 999	0. 998	0. 999
F 值	221. 66	4195. 59	3606. 88	16687. 59
F 值概率	0. 000	0. 000	0. 000	0. 000
DW 值	1. 615	1. 704	1. 507	1. 639
规模弹性	0. 889	—	—	—
规模弹性（滞后 1）	—	0. 126	0. 167	0. 089

续表

	模型 5	模型 6	模型 7	模型 8
结构弹性	0.001	0.071	0.171	0.273
技术弹性(滞后 1)	-0.833	-0.492	-0.507	-0.411
垂直专业化弹性	-1.986	-0.236	-0.378	-0.226

注:*lnscale*(-1)为人均工业增加值 *lnscale* 的滞后项,*lnTE*(-1)为技术进步的 *lnTE* 的滞后项。***、**、* 分别代表 1%、5%、10%的显著性水平,括号内数值是系数的标准差。

第三,技术效应方面,四种污染物与 *TE* 的滞后一期负相关,当技术进步增长 1%时,SO_X、CO_2、N_2O、CH_4的排放量分别下降 0.833%、0.492%、0.507%和 0.411%,这与预期相符,说明国际贸易引致的技术进步以及技术进步的逐渐扩散,对污染起到了减排作用。技术进步污染弹性比较大,超过了规模和结构的弹性。

第四,垂直专业化分工效应方面,四种污染物的回归系数均为负数,弹性值也均为负,当垂直专业化分工程度增加 1%时,SO_X、CO_2、N_2O、CH_4的排放量分别下降 1.986%、0.236%、0.378%和 0.226%。垂直专业化分工对环境的影响程度仅次于技术进步指标,显示了垂直专业化分工对环境污染的突出影响。在我国工业部门对外贸易结构中,电子和光学设备(C14)居对外贸易额首位,约占 25%—35%,表 4-11 显示该部门垂直专业化分工平均值高达 0.344,该部门具有科技含量高、污染排放小的特点。类似,机械及电气产品(C13)、交通运输设备(C15)也具有对外贸易额较大、垂直专业化水平高、污染排放小的特点。因此我国目前参与国际垂直专业化分工,不仅有利于我国产业和贸易结构的升级,还有利于环境质量的改善。

可见,在以上基于工业行业面板数据的分析中,规模效应和结构效应对环境污染起消极作用,技术效应和垂直专业化分工起积极作用;其中技术效应和垂直专业化分工对环境污染的影响非常突出,是我国污染减排的重要因素。

各种分析结果表明对外贸易对一国环境的影响是复杂的,通过多种途径和渠道对环境产生影响,并不能仅仅凭规模和结构等单方面因素衡量这种影响,还要综合对外贸易对一国技术进步、国际分工等方面的作用来综合考量。

从省级面板数据回归结果来看,关于规模效应,随着对外贸易引起的经济规模的扩大,污染排放会随之增多,回归结果显示由经济规模扩张造成的污染尤为突出,超出了技术和结构效应的影响,是对外贸易引致环境污染增加的重要因素。关于结构效应,结果显示对外贸易对环境有破坏效应,结构效应作用程度与规模效应接近。关于技术效应,回归结果为负,证明了由对外贸易引致的技术进步对污染的减排作用,但回归结果又表明这种减排效果存在滞后性,即贸易引起的技术进步经过一段时间的扩散之后,方能对污染起到有效减排作用。关于贸易壁垒的环境效应,结果显示贸易壁垒的降低对当期环境污染在某种程度上起消极作用,但是随着贸易自由化的进一步发展,从中长期看贸易壁垒的降低有利于污染减排和环境改善。

我国东部地区对外贸易的环境影响效应的作用方向与全国相似,但程度显著不同,东部地区发达的对外贸易使得该地区规模、结构和技术效应程度明显高于全国平均水平。总体来讲,无论全国整体还是东部地区由于目前规模和结构对环境质量的消极作用超过了技术、贸易壁垒的积极作用,因此总效应上体现为对外贸易对环境污染的破坏效果。

从工业部门面板数据回归结果来看,规模效应方面,工业部门对外贸易扩大引起产业部门产值上升,污染排放随之增加,但规模效应存在滞后现象。结构效应方面,由于我国对外贸易优势部门逐渐从劳动密集型产业向资本密集型转变,因此带来了污染排放的增加。技术效应方面,污染减排作用非常明显,已经超过了规模和结构效用对环境的消极作用。垂直专业化分工方面,由于我国参与到世界垂直专业分工体系中的主要产业具有低污染排放的特点,因此目前垂直专业化分工有利于我国环境污染的改善。

第五章　我国对外贸易含污量分析

对外贸易是产品和服务在国际间的流动，是产品生产和消费在空间上的分离。在产品生产过程中不仅会产生成本，还会产生负外部效用的“污染”，一般情况下污染不会随着产品的国际流动而流动。对进出口贸易进行含污量的测算是判断对外贸易与环境污染关系的重要环节，在研究隐含污染的方法中，投入产出方法是使用最为广泛的方法之一。

本章将基于我国单区域竞争型投入产出表，深入研究我国进口和出口贸易的含污状况，首先计算工业部门的完全排放系数，再根据进出口数据计算贸易含污量；其次根据因素分解法研究影响我国对外贸易含污量大小的因素；最后依据相关指标判断目前对外贸易对我国环境污染的影响作用。

一、单区域竞争型投入产出表

产品的生产不仅需要能源、原材料等直接投入，生产过程还需要辅助材料投入。能源、原材料等直接投入会排放污染物，我们称之为直接污染排放，辅助材料等间接投入也会排放污染物，称之为间接排放，因此工业部门为生产最终产品而产生的污染物排放是直接排放和间接排放之和。

最终产品污染物完全排放量=污染物直接排放量+污染物间接排放量

一国最终产品包括最终消费、最终资本形成和出口，本章即是对最终产品中的出口产品和进口产品（他国最终产品）的污染排放进行测算。我国统计部门只公布每个工业部门污染物的直接排放量，因此为得到完全排放量，需要借助投入产出模型计算完全排放量。

（一）投入产出模型

$$x = (I - A)^{-1} d \tag{5.1}$$

其中，x 为 n×1 的总产出向量，$x = [x_1 \quad x_2 \quad \dots \quad x_n]^T$，d 为 n×1 的最终产品向量，$d = [d_1 \quad d_2 \quad \dots \quad d_n]^T$，$I$ 为 n×n 的单位矩阵。

A 为直接消耗系数矩阵：$A = \begin{bmatrix} a_{11} & a_{12} & \cdots & a_{1n} \\ a_{21} & a_{22} & \cdots & a_{2n} \\ \vdots & \vdots & & \vdots \\ a_{n1} & a_{n2} & \cdots & a_{nn} \end{bmatrix}$

$(I-A)^{-1}$为里昂惕夫逆矩阵：$(I - A)^{-1} = \begin{bmatrix} c_{11} & \cdots & c_{1k} & \cdots & c_{1n} \\ \vdots & & & & \\ c_{i1} & \cdots & c_{ik} & \cdots & c_{in} \\ \vdots & & & & \\ c_{n1} & \cdots & c_{nk} & \cdots & c_{nn} \end{bmatrix}$

将公式（5.1）展开，$\begin{bmatrix} x_1 \\ \vdots \\ x_i \\ \vdots \\ x_n \end{bmatrix} = \begin{bmatrix} c_{11} & \cdots & c_{1k} & \cdots & c_{1n} \\ \vdots & & & & \\ c_{i1} & \cdots & c_{ik} & \cdots & c_{in} \\ \vdots & & & & \\ c_{n1} & \cdots & c_{nk} & \cdots & c_{nn} \end{bmatrix} \begin{bmatrix} d_1 \\ \vdots \\ d_k \\ \vdots \\ d_n \end{bmatrix}$

若设 $d_k = 1$，即 k 部门的最终产品为 1，其他部门最终产品为 0，则上式变形如下：

$$\begin{bmatrix} x_1 \\ \vdots \\ x_i \\ \vdots \\ x_n \end{bmatrix} = \begin{bmatrix} c_{11} & \cdots & c_{1k} & \cdots & c_{1n} \\ \vdots & & & & \\ c_{i1} & \cdots & c_{ik} & \cdots & c_{in} \\ \vdots & & & & \\ c_{n1} & \cdots & c_{nk} & \cdots & c_{nn} \end{bmatrix} \begin{bmatrix} 0 \\ \vdots \\ 1 \\ \vdots \\ 0 \end{bmatrix} = \begin{bmatrix} c_{1k} \\ \vdots \\ c_{ik} \\ \vdots \\ c_{nk} \end{bmatrix}$$

它表示 k 部门 1 单位最终产品需要所有部门的投入，各部门投入量为里昂惕夫逆矩阵的第 k 列 $[c_{1k} \quad c_{2k} \quad \dots \quad c_{nk}]^T$。

由于本章主要研究工业部门，因此需要将投入产出表中不相关部门进行合并，重新计算工业部门的直接消耗系数矩阵和里昂惕夫逆矩阵。

（二）污染物直接排放系数与完全排放系数

直接排放系数是指某部门在生产单位产品过程中直接排放的污染物数量。

直接排放系数为：

$$r_i = e_i / x_i , (i = 1, \ldots, n) \tag{5.2}$$

①

其中，e_i为 i 部门污染物直接排放量，x_i为 i 部门总产出，r_i为 i 部门污染物直接排放系数，表示 1 单位 i 部门产品的污染排放量。

完全排放系数是指某部门单位最终产品污染物的排放量，是该部门直接排放和间接排放之和。

完全排放系数为：

$$f_k = \sum_{i=1,\ldots n} r_i \times c_{ik} , (i = 1, \ldots, n) \tag{5.3}$$

里昂惕夫逆矩阵的第 k 列 $[c_{1k} \quad c_{2k} \quad \cdots \quad c_{nk}]^T$ 的元素表示 k 部门生产 1 单位最终产品所需要的所有部门的投入数量，如 c_{ik}为 k 部门生产 1 单位最终产品所需要的 i 部门的投入数量；在生产 c_{ik}数量产品的过程中会相应排放污染物 $r_i \times c_{ik}$，这部分污染是为 k 部门生产 1 单位最终产品而排放的。将所有部门为 k 部门 1 单位最终产品而排放的污染物排放量求和 $f_k = \sum_{i=1,\ldots n} r_i \times c_{ik}$，$f_k$即为 k 部门 1 单位最终产品完全排放，我们称为 k 部门完全排放系数。

由于投入产出表反映的是一定经济体的经济技术联系，不仅各国之间技术水平存在差异，而且在同一国的不同时期技术水平也会发生变化，因此投入产出表经常会发生变化，其中的直接消耗系数和里昂惕夫逆矩阵也会发生变动。我国每隔几年公布一次新的投入产出表，目前最新公布的是 2012 年投入

① 直接排放系数与完全排放系数参考沈利生和唐志的定义。沈利生、唐志：《对外贸易对我国污染排放的影响——以二氧化硫排放为例》，《管理世界》2008 年第 6 期。

产出表。在研究污染排放时，我们用完全排放系数代表技术水平，在同一行业中完全排放系数下降说明单位产品的污染排放减少，出现了有利于环境保护的技术进步。

（三）进出口含污量计算方法

根据完全排放系数和各部门进出口贸易数据，可以得出各个部门进出口含污量。因为出口和进口都属于最终产品，完全排放系数衡量单位最终产品的污染排放总量，因此将完全排放系数分别与出口和进口贸易额相乘，即可得到出口含污量和进口含污量。

各工业部门出口和进口含污量：

$$e^{E}{}_{k} = f_k \times EX_k \tag{5.4}$$

$$e^{M}{}_{k} = f_k \times M_k \tag{5.5}$$

出口和进口含污总量：

$$e^{E} = \sum_{k=1\ldots n} e^{E}{}_{k} = \sum_{k=1\ldots n} f_k \times EX_k \tag{5.6}$$

$$e^{M} = \sum_{k=1\ldots n} e^{M}{}_{k} = \sum_{k=1\ldots n} f_k \times M_k \tag{5.7}$$

其中，e 为某种污染物排放量，分别指 SO_2、工业烟尘、工业粉尘，e_k^E 和 e_k^M 分别表示 k 部门出口和进口含污量，e^E 和 e^M 分别为出口和进口含污总量，EX_k 和 M_k 分别表示 k 部门出口和进口贸易额。

这里特别需要对进口含污总量 e^M 作出两点说明，一是进口产品在国外生产，污染也排放在国外，因此进口产品含污量是对本国污染排放的抵消，故进口含污量也可以称为进口减排量；二是进口产品使用的是生产国当地的技术，由生产国的投入产出表可以计算出生产国的完全排放系数，进而计算含污量，但是由于我国进口伙伴国众多，难以搜集众多国家历年投入产出表并计算相应的完全排放系数，因此在实际计算过程中，e^M 采用的是本国的里昂惕夫逆矩阵 $r(I-A)^{-1}$，而不是外国的里昂惕夫逆矩阵，这样的计算结果也是非常具有经济学意义的，因为进口产品若在本国生产会使用本国的技术，消耗本国的资源，污染物也会排放在本国，而进口是对本国生产的一种替代，因此使用本国投入产出表和完全排放系数是对本国环境压力的减轻。

我国投入产出数据来源于中国投入产出学会公布的投入产出表，污染数据来源于历年《中国环境统计年鉴》，我国工业进出口数据来源于我国投入产出表①。我国公布的投入产出表有 42 个部门，工业 25 个部门，第三产业 16 个部门，农业 1 个部门。由于《中国环境统计年鉴》仅公布工业部门污染物排放数据，因此对投入产出表中的第三产业和农业部门进行合并，再将废品废料和其他制造业合并，将投入产出表简化为 25×25 部门投入产出表，具体合并见表 5-1。

表 5-1　我国 42 个部门投入产出表、合并投入产出表及污染排放部门对照表

原部门编号	42 个部门投入产出表	新部门编号	合并的投入产出表	部门	41 个污染排放部门
1	农业				
2	煤炭开采和洗选业	1	煤炭开采和洗选业	1	煤炭开采和洗选业
3	石油和天然气开采业	2	石油和天然气开采业	2	石油和天然气开采业
4	金属矿采选业	3	金属矿采选业	3	黑色金属矿采选业
				4	有色金属矿采选业
5	非金属矿采选业	4	非金属矿及其他矿采选业	5	非金属矿采选业
				6	其他采矿业
6	食品制造及烟草加工业	5	食品制造及烟草加工业	7	农副食品加工业
				8	食品制造业
				9	饮料制造业
				10	烟草制品业
7	纺织业	6	纺织业	11	纺织业
				12	纺织服装、鞋、帽制造
8	服装皮革羽绒及其制品业	7	纺织服装鞋帽皮革羽绒及其制品业	13	皮革毛皮羽毛(绒)及其制品业
9	木材加工及家具制造业	8	木材加工及家具制造业	14	木材加工及木竹藤棕草制品业
				15	家具制造业
10	造纸印刷及文教用品制造业	9	造纸印刷及文教体育用品制造业	16	造纸及纸制品业
				17	印刷业和记录媒介的复制
				18	文教体育用品制造业

① 出口贸易额不包括来料加工部分出口额，进口贸易额也不包含来料加工部分进口额。

续表

原部门编号	42 个部门投入产出表	新部门编号	合并的投入产出表	部门	41 个污染排放部门
11	石油加工、炼焦及核燃料加工业	10	石油加工、炼焦及核燃料加工业	19	石油加工、炼焦及核燃料加工业
12	化学工业	11	化学工业	20	化学原料及化学制品制造业
				21	医药制造业
				22	化学纤维制造业
				23	橡胶制品业
				24	塑料制品业
13	非金属矿物制品业	12	非金属矿物制品业	25	非金属矿物制品业
14	金属冶炼及压延加工业	13	金属冶炼及压延加工业	26	黑色金属冶炼及压延加工业
				27	有色金属冶炼及压延加工业
15	金属制品业	14	金属制品业	28	金属制品业
16	通用、专用设备制造业	15	通用、专用设备制造业	29	通用设备制造业
				30	专用设备制造业
17	交通运输设备制造业	16	交通运输设备制造业	31	交通运输设备制造业
18	电气、机械及器材制造业	17	电气机械及器材制造业	32	电气机械及器材制造业
19	通信设备、计算机及其他电子设备制造业	18	通信设备、计算机及其他电子设备制造业	33	通信计算机
				34	其他电子设备制造业
20	仪器仪表及文化办公用机械制造业	19	仪器仪表及文化办公用机械制造业	35	仪器仪表及文化办公用机械制造业
21	其他制造业	20	工艺品及其他制造业和废品废料	36	工艺品及其他制造业
22	废品废料			37	废弃资源和废旧材料回收加工业
23	电力、热力的生产和供应业	21	电力、热力的生产和供应业	38	电力、热力的生产和供应业
24	燃气生产和供应业	22	燃气生产和供应业	39	燃气生产和供应业
25	水的生产和供应业	23	水的生产和供应业	40	水的生产和供应业
26	建筑业	24	建筑业	41	其他工业部门
27—42	交通运输等 16 个部门	25	原投入产出表 1、27—42 部门		

二、我国工业部门直接与完全排放系数变化

完全排放系数在进出口含污量的计算中尤为重要，是最为关键的一个环节。完全排放系数$f_k = \sum_{i=1,\dots n} r_i \times c_{ik}$的计算分为两个步骤，首先计算直接排放系数$r_i$；其次对投入产出表进行合并计算里昂惕夫逆矩阵，进而计算完全排放系数。

（一）污染物直接排放系数

直接排放系数$r_i = e_i / x_i$即用每部门直接污染排放e_i除以部门总产出x_i得到，2005—2012 年的直接排放系数计算结果见表 5-2，表中数值表明各工业部门的直接排放系数都呈现下降态势。

表 5-2　2005—2012 年我国各工业部门污染物直接排放系数①

（单位：吨/亿元）

部门编号	工业 SO_2				工业烟粉尘			
	2005	2007	2010	2012	2005	2007	2010	2012
1	28. 87	18. 17	7. 95	5. 55	48. 75	23. 96	13. 15	14. 80
2	5. 63	3. 19	3. 05	1. 80	2. 76	1. 39	1. 10	0. 56
3	34. 08	38. 40	14. 37	3. 91	34. 45	15. 38	8. 21	10. 00
4	26. 07	17. 79	7. 91	6. 62	69. 99	30. 14	10. 48	6. 24
5	14. 08	10. 16	6. 03	5. 96	14. 54	6. 69	3. 87	3. 56
6	19. 69	11. 44	7. 92	7. 83	9. 55	5. 30	3. 96	2. 74
7	1. 73	0. 97	0. 58	0. 90	0. 95	0. 62	0. 35	0. 35
8	8. 61	4. 17	2. 31	2. 44	12. 64	6. 06	4. 72	8. 49
9	40. 22	33. 15	24. 64	17. 16	24. 26	16. 45	9. 82	5. 84
10	57. 05	31. 05	21. 07	20. 05	45. 92	29. 35	14. 01	11. 04
11	34. 81	22. 35	13. 89	12. 88	20. 48	11. 92	7. 27	5. 63
12	112. 07	80. 08	42. 09	42. 87	439. 59	243. 08	84. 71	54. 75

① 各工业部门名称见表 5-1。

续表

部门编号	工业 SO_2				工业烟粉尘			
	2005	2007	2010	2012	2005	2007	2010	2012
13	67.75	37.78	31.31	32.24	74.09	32.06	21.33	19.36
14	2.42	2.93	1.43	2.36	2.61	2.22	1.07	2.56
15	3.52	1.65	1.35	0.58	3.97	1.66	1.54	0.73
16	2.32	1.24	0.58	0.48	3.46	2.04	1.01	1.14
17	1.65	0.45	0.29	0.22	1.09	0.31	0.16	0.13
18	0.60	0.39	0.12	0.12	0.40	0.18	0.07	0.20
19	3.46	0.37	0.20	0.18	1.22	0.17	0.12	0.17
20	1.07	0.47	0.81	8.76	1.49	1.26	0.50	4.99
21	575.03	364.33	205.67	163.68	204.95	94.83	45.62	45.75
22	25.99	23.40	8.96	5.30	21.29	16.81	4.87	2.39
23	5.49	0.26	1.19	0.001	2.28	0.41	0.30	0.00
24	6.60	1.20	0.27	7.21	4.44	1.11	0.21	0.00

资料来源：根据我国 2005—2012 年投入产出表及污染排放数据计算。

直接排放系数是单位产品的污染排放量，因此各个工业部门具有可比性。直接排放系数比较大的部门有：电力、热力的生产和供应业（部门 21）、非金属矿物制品业（部门 12）、金属冶炼及压延加工业（部门 13）。电力、热力的生产和供应业（部门 21）的系数各工业部门高居榜首，以 2005 年为例，该行业每亿元产出会排放 575.03 吨工业 SO_2、199.63 吨烟尘和 5.32 吨粉尘，2012 年该行业直接排放明显下降，但每亿元产出依然会排放 163.68 吨工业 SO_2、45.75 吨工业烟粉尘。

直接排放系数比较小的部门有：通信设备、计算机及其他电子设备制造业（部门 18）、工艺品及其他制造业和废品废料（部门 20）、电气机械及器材制造业（部门 17）、纺织服装鞋帽皮革羽绒及其制品业（部门 7）；其中通信设备、计算机及其他电子设备制造业（部门 18）的直接排放系数最小，2005 年该行业每亿元产出会直接排放 0.60 吨工业 SO_2、0.40 吨工业烟粉尘，2012 年直接排放更进一步减少为 0.12 吨工业 SO_2、0.20 吨工业烟粉尘。

直接排放系数反映了各个工业行业生产和原材料使用的性质，电力、热力的生产和供应业(部门21)生产严重依赖一次能源的消耗,在我国又以煤炭为主,煤炭占一次能源消耗的70%以上,煤炭的含硫量、烟尘和粉尘的排放量都较大,因此决定了这些部门的排放系数较大。

(二)污染物完全排放系数

基于直接排放系数,进一步计算完全排放系数,需要将2005—2012年投入产出表的42×42部门流量表合并成25×25部门流量表,得到新的直接消耗系数矩阵和里昂惕夫逆矩阵,进而计算出完全排放系数,计算结果见表5-3。

完全排放系数为每亿元单位产出的污染物最终排放量,包括生产中直接消耗原材料等直接排放以及辅助材料的间接排放,因此完全排放系数大于直接排放系数,通过表5-2和表5-3的对比不难发现这一点,如2005年电力、热力的生产和供应业(部门21)三种污染物的完全排放系数分别为731.30和301.50,同期的直接排放系数分别为575.03和204.95,因此计算完全排放系数非常必要,它能比较准确地反映各行业的污染最终排放情况。

表5-3　2005—2012年我国各工业部门污染物完全排放系数

(单位:吨/亿元)

部门编号	工业 SO_2				工业烟粉尘			
	2005	2007	2010	2012	2005	2007	2010	2012
1	192.42	110.04	50.89	34.70	143.03	67.83	34.17	29.69
2	91.36	86.32	50.85	30.12	51.11	37.94	19.84	12.54
3	233.77	187.15	99.43	52.85	143.52	74.19	38.53	30.06
4	187.97	121.33	78.45	46.70	169.75	85.81	40.99	23.72
5	111.44	75.74	45.66	23.88	80.17	43.32	23.93	11.71
6	160.95	105.61	59.43	40.80	90.96	49.89	26.95	15.74
7	115.93	78.86	47.52	30.19	69.80	39.11	22.02	12.15
8	144.71	92.00	60.22	34.65	99.82	52.69	32.24	26.39
9	190.44	133.78	88.87	59.59	113.97	65.18	37.55	24.46

续表

部门编号	工业 SO_2				工业烟粉尘			
	2005	2007	2010	2012	2005	2007	2010	2012
10	177.02	119.00	68.65	50.83	115.67	70.15	34.01	25.02
11	231.97	146.55	84.59	61.57	130.85	70.33	37.63	26.09
12	311.28	210.58	121.23	99.23	607.27	343.35	133.14	87.93
13	285.79	183.99	119.57	96.39	224.82	105.77	61.49	52.08
14	208.01	143.83	92.56	67.28	147.28	75.30	42.47	34.38
15	177.80	113.27	71.24	47.38	125.49	61.28	35.23	24.21
16	159.03	100.23	60.59	41.56	113.84	56.92	30.76	22.37
17	176.88	120.32	74.58	55.39	128.26	69.16	38.04	28.83
18	150.20	90.17	56.16	34.07	129.80	52.95	28.59	16.90
19	155.65	92.18	57.02	37.19	119.24	57.59	30.40	19.43
20	104.52	63.90	40.48	35.22	72.39	36.40	20.27	17.63
21	731.30	625.52	346.79	264.47	301.50	182.03	89.00	81.98
22	174.95	104.94	56.04	34.05	115.99	55.19	24.57	15.06
23	226.66	158.61	101.99	54.87	107.25	55.05	30.65	18.76
24	170.90	122.09	67.56	51.98	196.76	115.27	50.05	33.54

资料来源：根据我国2005—2012年投入产出表及污染排放数据计算。

工业SO_2和工业烟粉尘完全排放系数较大的部门有：电力、热力的生产和供应业（部门21）、非金属矿物制品业（部门12）、金属冶炼及压延加工业（部门13）、金属矿采选业（部门3）、化学工业（部门11）、水的生产和供应业（部门23）、金属制品业（部门14）。

工业SO_2和工业烟粉尘完全排放系数较小的部门有：石油和天然气开采业（部门2）、工艺品及其他制造业和废品废料（部门20）、纺织服装鞋帽皮革羽绒及其制品业（部门7）、食品制造及烟草加工业（部门5）、木材加工及家具制造业（部门8）和通信设备、计算机及其他电子设备制造业（部门18）。

下面分别就几个典型工业部门的完全排放系数进行说明。第一，电力、热力的生产和供应业（部门 21），该部门完全排放系数最高，远远高于其他行业，2012 年该行业每亿元产值会最终排放 264. 47 吨工业 SO_2 和 81. 98 吨工业烟粉尘。第二，非金属矿物制品业（部门 12），该部门完全排放系数位居各部门第二，2012 年该行业每亿元产值会最终排放 99. 23 吨工业 SO_2 和 87. 93 吨工业烟粉尘。第三，金属冶炼及压延加工业（部门 13），该部门完全排放系数位居各部门第三，2012 年该行业系数在两种污染物上的排放系数分别为 96. 39 吨/亿元和 52. 08 吨/亿元。第四，金属矿采选业（部门 3）2012 年该行业系数在两种污染物上的系数分别为 52. 85 吨/亿元和 30. 06 吨/亿元。第五，化学工业（部门 11）2012 年该行业系数在两种污染物上的系数分别为 61. 57 吨/亿元和 26. 09 吨/亿元。

从以上几个部门可以看出，完全排放系数的高低与该部门的生产性质有关，如电力、热力的生产和供应业（部门 21）需要大量使用煤炭，煤炭在燃烧过程中会释放大量硫化物、烟粉尘等，非金属矿物制品业（部门 12）、金属冶炼及压延加工业（部门 13）、金属矿采选业（部门 3）等部门在开采、冶炼、加工的生产过程中也会产生大量烟尘、粉尘。相反，诸如通信设备、计算机及其他电子设备制造业（部门 18）、工艺品及其他制造业和废品废料（部门 20）等部门生产性质具有清洁化的特点，因此排放系数不高。

这里尤其要关注我国对外贸易额较大部门的排放系数，我国出口额前 5 位的部门有：通信设备、计算机及其他电子设备制造业（部门 18）、化学工业（部门 11）、电气机械及器材制造业（部门 17）、纺织业（部门 6）、通用、专用设备制造业（部门 15）；进口额前 5 位的部门有：通信设备、计算机及其他电子设备制造业（部门 18）、化学工业（部门 11）、通用、专用设备制造业（部门 15）、石油和天然气开采业（部门 2）、金属矿采选业（部门 3）。

以上主要进出口部门中，除化学工业（部门 11）和金属矿采选业（部门 3）的系数较高外，其余部门的完全排放系数居中等水平。以 2012 年为例，通信设备、计算机及其他电子设备制造业（部门 18）当年每亿元产出会最终排放 34. 07 吨工业 SO_2 和 16. 90 吨工业烟粉尘；纺织业（部门 6）两种污染物的系数分别为 40. 80 吨/亿元和 15. 74 吨/亿元；电气机械及器材制造业（部门 17）三种污染物的系数分别为 55. 39 吨/亿元和 28. 83 吨/亿元。

各部门完全系数大幅度下降表明了我国工业生产中的清洁化的技术进步趋势,这也与此阶段我国环境保护政策、环境规制的力度有密切关系。这一时期,我国工业生产中脱硫设备使用数量、相关污染治理投资都有所增加,我国“三废”治理投资在 2000 年至 2012 年间增长非常迅猛(见图 5-1),其中 2008 年最高,2008 年的治理投资是 2000 年的 2—3 倍,此后“三废”治理投资有所下降,2012 年投资又有所增加。从历年的废气排放达标率可以看出废气治理投资的效果,三种工业废气从 2000 年 60%左右的达标率上升到 2012 年 90%以上的达标率,由于废气治理投资等因素,使得这一阶段的污染排放呈明显下降趋势。

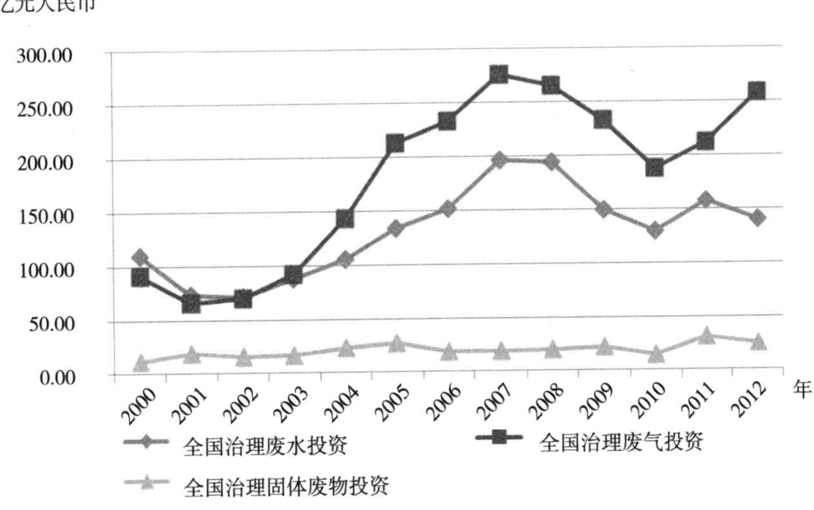

图 5-1　2001—2012 年我国“三废”治理投资

资料来源:根据历年《中国环境统计年鉴》整理。

三、我国工业进出口贸易含污量及变化

运用式(5.4)-(5.7)计算进出口含污总量及含污量的部门分布并予以说明。

（一）工业进出口贸易含污总量及变化

表 5-4 2005—2012 年我国工业进出口含污总量变化

（单位：万吨）

污染物	工业 SO_2				工业烟粉尘			
年份	2005	2007	2010	2012	2005	2007	2010	2012
工业出口含污总量	971.80	918.75	639.43	524.31	729.57	535.35	327.66	267.13
工业进口含污总量	967.97	766.05	629.57	502.55	701.06	415.18	303.49	254.00
工业进出口净含污量	2.76	152.67	9.88	21.76	8.24	66.15	15.39	13.13
对我国环境作用	消极	消极	消极	消极	消极	消极	消极	消极

资料来源：根据投入产出模型、污染以及进出口贸易数据计算。

首先，出口含污总量比较高但呈下降趋势。2005—2012 年，出口 SO_2 含量从 971.80 万吨降为 524.31 万吨，下降了 46%；工业烟粉尘含量从 729.57 万吨降为 267.13 万吨，下降了 64%。

其次，进口含污总量不及出口总量多，也呈现下降态势。2005—2012 年，SO_2 进口隐含量从 967.97 万吨下降到 502.55 万吨，下降了 48%；工业烟粉尘进口隐含量从 701.06 万吨下降到 254 万吨，下降了 64%。对于进口含污的理解，由于本章计算进口含污使用的是我国完全排放系数，因此，进口含污量意味着如果这些进口产品在我国境内生产将会产生污染物的数量，若运用进口来源国的完全排放系数，那么进口含污量将有所不同。

最后，净出口含污总量均为正且一直增加，净出口 SO_2 含量从 2005 年的 2.76 万吨增加到 2007 年的 152.67 万吨，后又降为 2012 年的 21.76 万吨；同期净出口烟粉尘含量从 8.24 万吨上升为 66.15 万吨，又再次降为 13.13 万吨。

值得注意的是，这一阶段工业出口规模增长了 65%，进口规模增长了 68%，三个变量（贸易含污量、完全排放系数、贸易规模）的发展态势是贸易含污量下降、完全排放系数下降、贸易规模上升。根据式（5.4）-（5.7），各部门进出口含污量为完全排放系数与贸易规模之积，因此贸易含污量的下降与完全排放系数的下降直接相关，同时贸易含污量的下降又受到贸易规模上升的牵制。

进出口污染排放不会随着产品的跨国流动而移动，进出口产品与其副产品"污染"在空间上会分离，产品会随国际贸易转移到另一国，污染物却留在"母国"，对母国产生不利的环境影响。一国因国际贸易而承担的净环境代价取决于出口污染排放与进口减排的较量。我国在三种污染物上净含污总量为正，净含污量为正说明了对外贸易对我国环境有消极作用（见表5-4）。两种污染物的累积环境负担分别为187.07万吨和102.91万吨。

由图5-2可知我国目前进出口污染排放的地位，以2007年为例，当年工业出口排放与国内最终使用污染排放基本持平，即出口污染排放占我国国内污染排放的50%，这部分环境污染要在我国境内进行吸收和治理。

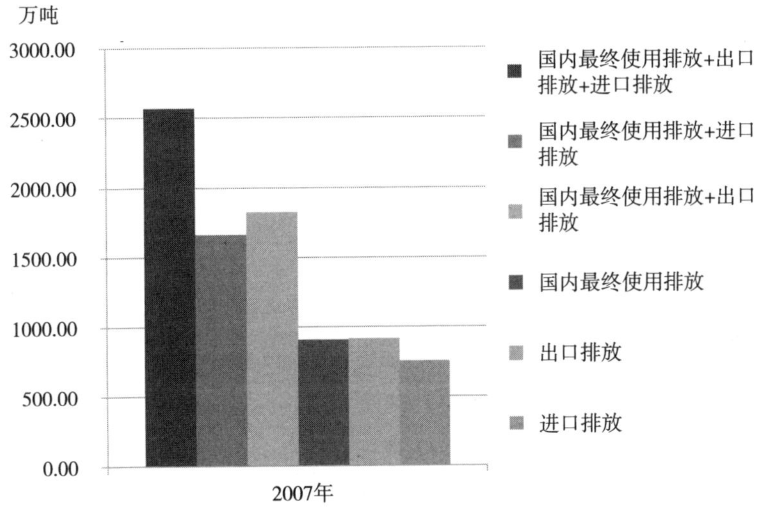

图5-2　2007年我国工业最终使用隐含SO_2排放对比①

（二）工业出口含污量的部门分布

出口含污量较多的部门有：通信设备、计算机及其他电子设备制造业（部门18）、化学工业（部门11）、电气机械及器材制造业（部门17）、纺织业（部门

① 根据我国投入产出表，最终使用合计=最终消费+资本形成总额+出口，在最终使用合计中包含进口产品。图5-2中"国内最终使用排放"是指国内对国产品最终使用产生的排放，不包含进出口排放。

6)、通用、专用设备制造业(部门 15)。

表 5-5 2005—2012 年我国各工业部门出口含污量

(单位:万吨)

污染物	工业 SO_2				工业烟粉尘			
年份	2005	2007	2010	2012	2005	2007	2010	2012
1	4. 99	2. 57	0. 72	0. 32	3. 71	1. 59	0. 48	0. 27
2	0. 92	1. 50	0. 81	0. 56	0. 51	0. 66	0. 31	0. 24
3	2. 27	1. 54	0. 76	0. 31	1. 40	0. 61	0. 29	0. 18
4	4. 93	1. 83	1. 24	0. 60	4. 45	1. 29	0. 65	0. 30
5	17. 48	14. 48	10. 08	6. 69	12. 57	8. 28	5. 28	3. 28
6	85. 52	86. 77	53. 42	21. 12	48. 34	40. 99	24. 23	8. 14
7	53. 12	44. 73	27. 54	32. 49	31. 98	22. 18	12. 76	13. 08
8	22. 98	22. 31	16. 25	12. 53	15. 85	12. 77	8. 70	9. 54
9	37. 09	30. 29	20. 17	33. 32	22. 20	14. 76	8. 52	13. 67
10	14. 32	9. 14	5. 61	5. 97	9. 36	5. 39	2. 78	2. 94
11	115. 50	106. 07	79. 87	60. 87	65. 15	50. 90	35. 53	25. 80
12	28. 11	31. 24	23. 06	26. 53	54. 84	50. 94	25. 33	23. 51
13	53. 46	94. 85	43. 72	42. 96	42. 05	54. 53	22. 48	23. 21
14	60. 82	51. 18	31. 96	28. 85	43. 06	26. 80	14. 67	14. 74
15	60. 38	64. 98	51. 02	50. 45	42. 61	35. 16	25. 23	25. 78
16	27. 50	32. 90	30. 89	24. 28	19. 68	18. 68	15. 68	13. 07
17	74. 72	82. 13	69. 30	59. 41	54. 18	47. 21	35. 34	30. 92
18	229. 32	192. 75	135. 48	102. 50	198. 17	113. 19	68. 99	50. 84
19	63. 15	29. 84	21. 19	6. 57	48. 38	18. 64	11. 30	3. 43
20	7. 55	8. 57	6. 96	1. 91	5. 23	4. 88	3. 49	0. 95
21	4. 04	4. 07	2. 75	2. 06	1. 67	1. 19	0. 70	0. 64
22	0. 00	0. 00	0. 00	0. 00	0. 00	0. 00	0. 00	0. 00
23	0. 00	0. 00	0. 00	0. 00	0. 00	0. 00	0. 00	0. 00
24	3. 63	4. 99	6. 63	4. 02	4. 18	4. 71	4. 91	2. 59

资料来源:根据我国投入产出表、污染排放和进出口贸易数据计算。

第一,通信设备、计算机及其他电子设备制造业(部门18)居出口含污的首位,该部门约占整个工业出口含污总量的20%。若结合这三年该行业出口贸易数据,该行业出口贸易额也约占工业出口贸易总额的20%。不难看出该行业出口含污量与出口贸易规模呈正向关系。若进一步考察出口贸易规模,会发现2005—2012年间出口贸易额增长了约3.5倍;而同时期的出口隐含SO_2下降了46%,出口隐含烟粉尘下降了64%,即出口贸易规模呈递增态势,出口含污量呈递减态势,这种出口贸易与出口含污量发展相背离的态势要归因于完全排放系数的作用,该行业SO_2完全排放系数降幅为77%,烟粉尘降幅为78%,降幅比较大,因此该部门出口含污量下降的主要原因在于完全排放系数的下降。

第二,化学工业(部门11)出口含污居各部门出口含污量的第二位,该行业2005年、2007年、2010年的隐含SO_2分别为115.50万吨、106.07万吨和79.87万吨,分别占总量的12.58%、11.54%、12.49%,同期该行业出口额分别为3588亿元、7238亿元和9442亿元,所占比重为13.32%、7.58%、8.44%。化学工业的出口含污量与出口贸易额虽同位居第二,但所占权重不同,出现些许背离,含污量所占比重更高,这可以归结为化学工业的完全排放系数的影响,2010年化学工业完全排放系数为84.59吨/亿元,远高于同年的通信设备、计算机及其他电子设备制造业的56.16吨/亿元。

第三,纺织业(部门6)研究期三年的含污比重为9.32%、9.44%、8.35%,该部门出口比重分别为4.46%、8.60%、8.03%,与化学工业类似,纺织业出口比重超过了含污比重,这也归因于较高的完全排放系数的作用,该部门2005年、2007年、2010年系数分别为160.95吨/亿元、105.61吨/亿元和59.43吨/亿元。

第四,电气机械及器材制造业(部门17),该部门出口含污所占比重从2005年的8.14%上升到2010年的10.84%,同时期出口贸易比重从6.18%上升到8.30%,含污比重与出口贸易比重呈现相同的增长态势。

第五,金属制品业(部门14)、通用、专用设备制造业(部门15)、金属冶炼及压延加工业(部门13)这几个部门的出口排放也不容忽视,这几个部门出口

SO_2含量近年有所上升，金属制品业（部门14）与金属冶炼及压延加工业（部门13）出口含污比重占11%—15%，出口贸易比重为6%—9%，含污量比重高于相应的出口贸易比重，这主要是由这两个行业比较大的完全排放系数导致的，如金属冶炼及压延加工业（部门13）2010年的完全排放系数为119.57吨/亿元，金属制品业（部门14）完全排放系数为92.56吨/亿元，远高于同期通信设备、计算机及其他电子设备制造业（部门18）的56.16吨/亿元和化学工业（部门11）的84.59吨/亿元的排放系数。

第六，煤炭开采和洗选业（部门1）、石油和天然气开采业（部门2）、金属矿采选业（部门3）、非金属矿及其他矿采选业（部门4）、电力、热力的生产和供应业（部门21）、燃气生产和供应业（部门22）、水的生产和供应业（部门23）的出口SO_2含量非常低，这些部门出口含污量较少与本部门较小的出口规模直接相关。

综上所述，各工业部门出口含污体现了两个特征。

第一，出口贸易规模越大，出口含污量越多。通信设备、计算机及其他电子设备制造业（部门18）、化学工业（部门11）、电气机械及器材制造业（部门17）、纺织业（部门6）这四个行业出口含污占总量的50%左右，相应地，这四个部门的出口贸易规模也占40%以上。

第二，完全排放系数下降拉动出口含污下降，2005—2010年间完全排放系数出现大幅度下降，各工业部门出口含污量也随之下降，这种拉动作用在2007—2010年间表现得非常明显，除建筑业外，2010年23个工业部门的二氧化硫含污量都比2007年大幅度减少。

（三）工业进口含污量的部门分布

进口隐含污染方面，需要阐明的是我国进口产品在国外生产，使用的是进口国的技术，但是在单区域投入产出分析中不使用进口国排放系数计算进口产品的含污量，而应这样理解若这些进口产品在本国生产将会排放多少污染数量？因此进口产品所含的污染物是我国的减排量，各工业部门进口含污量（进口减排量）计算结果见表5-6。

表 5-6　2005—2012 年我国各工业部门进口含污量(进口减排量)

(单位:万吨)

污染物	工业 SO_2				工业烟粉尘			
年份	2005	2007	2010	2012	2005	2007	2010	2012
1	2.23	2.11	6.69	6.29	1.66	1.30	4.49	5.38
2	10.16	49.79	43.75	43.04	5.69	21.89	17.07	17.92
3	50.72	76.32	73.24	44.41	31.14	30.26	28.38	25.26
4	7.09	3.65	3.63	1.84	6.40	2.58	1.90	0.93
5	10.75	11.98	11.03	8.07	7.74	6.85	5.78	3.96
6	23.47	8.64	5.72	3.83	13.26	4.08	2.59	1.48
7	6.85	4.80	3.61	3.36	4.12	2.38	1.67	1.35
8	3.79	2.49	2.79	1.76	2.61	1.43	1.49	1.34
9	19.00	11.09	9.31	8.77	11.37	5.40	3.93	3.60
10	68.33	17.26	14.17	14.65	44.65	10.17	7.02	7.21
11	175.02	133.43	100.17	75.77	98.73	64.03	44.57	32.11
12	9.09	7.95	6.32	6.97	17.73	12.95	6.94	6.18
13	93.78	79.49	61.31	86.29	73.77	45.70	31.53	46.62
14	19.87	8.41	6.64	5.46	14.07	4.40	3.05	2.79
15	96.25	79.78	69.05	42.31	67.93	43.16	34.15	21.62
16	26.78	30.10	36.11	25.02	19.17	17.09	18.33	13.47
17	56.94	41.33	31.59	22.09	41.28	23.76	16.11	11.50
18	199.50	146.96	99.18	81.79	172.40	86.30	50.50	40.56
19	75.61	36.23	28.50	10.80	57.92	22.63	15.20	5.64
20	8.89	10.42	13.78	8.22	6.16	5.94	6.90	4.12
21	1.59	1.13	0.64	0.59	0.66	0.33	0.17	0.18
22	0.00	0.00	0.00	0.00	0.00	0.00	0.00	0.00
23	0.00	0.00	0.00	0.00	0.00	0.00	0.00	0.00
24	2.27	2.70	2.32	1.19	2.61	2.55	1.72	0.77

资料来源:根据我国投入产出表、污染排放和进出口贸易数据计算。

主要工业部门的进口 SO_2 含污方面具有如下特点：

第一，通信设备、计算机及其他电子设备制造业（部门 18）和化学工业（部门 11）进口 SO_2 含量占进口含污总量的 30%—40%，其中通信设备、计算机及其他电子设备制造业进口 SO_2 比重在 16%—21%之间，化学工业进口 SO_2 比重分别在 16%—18%之间。2005 年通信设备、计算机及其他电子设备制造业的 SO_2 含量略低于化学工业进口含量，2007—2012 年两部门基本持平。结合进口贸易数据进行分析，通信设备、计算机及其他电子设备制造业的进口额比较大，增幅为 33%，绝对量虽有上升，但进口占总进口额的比重却从 22%降为 17%。化学工业的进口额也有所增加，进口比重一直维持在 12%左右。通信设备、计算机及其他电子设备制造业进口贸易比重的下降使得该行业进口 SO_2 比重也随之下降。

第二，通用、专用设备制造业（部门 15）、金属冶炼及压延加工业（部门 13）的进口 SO_2 含量比重变化不大，两者总和占 20%左右，也是进口 SO_2 的主要来源。

第三，值得注意的是，石油和天然气开采业（部门 2）的进口含污比重从 2005 年的 1.05%上升到 2012 年的 6.95%，金属矿采选业（部门 3）进口含污比重从 2005 年的 5.24%上升到 2012 年的 11.63%。这两个部门的进口 SO_2 含量上升与我国的进口贸易结构有密切关系；其中石油和天然气开采业（部门 2）的进口量从 2005 年的 1112 亿元猛增到 2012 年的 8569 亿元，增长近 7 倍，该部门在整个进口额的比重也由 1.83%增长到 2010 年的 8.44%，金属矿采选业（部门 3）的进口量从 2005 年的 2170 亿元增加到 2012 年的 7386 亿元，增长了 2.5 倍。由于我国快速的经济增长，使得国内能源、资源的供应日益紧张，能源、矿产资源的进口增长非常迅猛，对外能源、资源的依赖度日益增强，体现在进口商品的含污量上，含污量也随之迅猛增加。未来随着我国进口能源和矿产资源的增多，这些部门的进口含污量也必然会增加。

（四）工业净出口含污量的部门分布

在出口和进口含污量的基础上，将两者相减即得到净出口含污量，如表 5-7 所示。

表 5-7　2005—2012 年我国各工业部门净出口含污量

（单位:万吨）

污染物	工业 SO_2				工业烟粉尘			
年份	2005	2007	2010	2012	2005	2007	2010	2012
1	2. 23	2. 11	6. 69	6. 29	1. 66	1. 30	4. 49	5. 38
2	10. 16	49. 79	43. 75	43. 04	5. 69	21. 89	17. 07	17. 92
3	50. 72	76. 32	73. 24	44. 41	31. 14	30. 26	28. 38	25. 26
4	7. 09	3. 65	3. 63	1. 84	6. 40	2. 58	1. 90	0. 93
5	10. 75	11. 98	11. 03	8. 07	7. 74	6. 85	5. 78	3. 96
6	23. 47	8. 64	5. 72	3. 83	13. 26	4. 08	2. 59	1. 48
7	6. 85	4. 80	3. 61	3. 36	4. 12	2. 38	1. 67	1. 35
8	3. 79	2. 49	2. 79	1. 76	2. 61	1. 43	1. 49	1. 34
9	19. 00	11. 09	9. 31	8. 77	11. 37	5. 40	3. 93	3. 60
10	68. 33	17. 26	14. 17	14. 65	44. 65	10. 17	7. 02	7. 21
11	175. 02	133. 43	100. 17	75. 77	98. 73	64. 03	44. 57	32. 11
12	9. 09	7. 95	6. 32	6. 97	17. 73	12. 95	6. 94	6. 18
13	93. 78	79. 49	61. 31	86. 29	73. 77	45. 70	31. 53	46. 62
14	19. 87	8. 41	6. 64	5. 46	14. 07	4. 40	3. 05	2. 79
15	96. 25	79. 78	69. 05	42. 31	67. 93	43. 16	34. 15	21. 62
16	26. 78	30. 10	36. 11	25. 02	19. 17	17. 09	18. 33	13. 47
17	56. 94	41. 33	31. 59	22. 09	41. 28	23. 76	16. 11	11. 50
18	199. 50	146. 96	99. 18	81. 79	172. 40	86. 30	50. 50	40. 56
19	75. 61	36. 23	28. 50	10. 80	57. 92	22. 63	15. 20	5. 64
20	8. 89	10. 42	13. 78	8. 22	6. 16	5. 94	6. 90	4. 12
21	1. 59	1. 13	0. 64	0. 59	0. 66	0. 33	0. 17	0. 18
22	0. 00	0. 00	0. 00	0. 00	0. 00	0. 00	0. 00	0. 00
23	0. 00	0. 00	0. 00	0. 00	0. 00	0. 00	0. 00	0. 00
24	2. 27	2. 70	2. 32	1. 19	2. 61	2. 55	1. 72	0. 77

资料来源:根据我国投入产出表、污染排放和进出口贸易数据计算。

无论是工业 SO_2、还是烟尘和粉尘,三种污染物的净含污量呈现比较相似的特征,工业粉尘略有不同。

第一,在我们考察的 24 个部门中,净出口含污量为正的工业部门约有 10 个,为负的部门约有 9 个,从总量上来看,净出口含污量为正。

第二,净出口含污量为正且数值较大的行业主要有:纺织业(部门 6)、纺织服装鞋帽皮革羽绒及其制品业(部门 7)、金属制品业(部门 14)、电气机械及器材制造业(部门 17)、通信设备、计算机及其他电子设备制造业(部门 18)。纺织业(部门 6)净出口隐含的 SO_2 和烟尘数量最多,其次是纺织服装鞋帽皮革羽绒及其制品业(部门 7)。纺织业和纺织服装鞋帽皮革羽绒及其制品业属于我国传统劳动密集型优势出口部门,出口远远大于进口,纺织业 2005 年净出口额为 3856 亿元,2012 年上升到 8027 亿元,翻了一番多;与纺织业类似,同期纺织服装鞋帽皮革羽绒及其制品业净出口额从 3992 亿元上升到 5037 亿元,因此这两部门净出口含污量较大与较大的净出口规模直接相关。

虽然通信设备、计算机及其他电子设备制造业(部门 18)进出口额均位居第一,但是净出口额却并非第一,2005 年该部门净出口额为 1985 亿元,2012 年为 6464 亿元,远小于纺织业和纺织服装鞋帽皮革羽绒及其制品业。所以,该部门的净出口含污量并不大,电气机械及器材制造业(部门 17)的净含污与通信设备、计算机及其他电子设备制造业类似。

金属制品业(部门 14)净出口规模 2005 年为 1968 亿元,2012 年为 2736 亿元,净出口规模不及通信业,但是该部门净出口含污却与通信设备、计算机及其他电子设备制造业基本持平,这与该行业较高的完全排放系数有关,金属制品业的完全排放系数约是通信设备、计算机及其他电子设备制造业的 4 倍。

此外,木材加工及家具制造业(部门 8)、造纸印刷及文教体育用品制造业(部门 9)、非金属矿物制品业(部门 12)的净出口含污也较多。这几个部门也属于我国传统的优势出口部门,因此净出口含污量为正。

第三,净含污量为负且数值较大的有:石油和天然气开采业(部门 2)、金属矿采选业(部门 3)、石油加工、炼焦及核燃料加工业(部门 10)、化学工业(部门 11)、通用、专用设备制造业(部门 15)。

其中,石油和天然气开采业(部门 2)、金属矿采选业(部门 3)两部门的净含污为负，且数值最大，这与我国近年来能源矿业产品大量进口有关。由于我国经济规模的扩大，国内能源供应日趋紧张，净进口了大量石油和天然气，2005 年净进口量为 1012 亿元，2012 年猛增为 8411 亿元，8 年间增加了 7 倍。类似，同期金属矿采选业净进口从 2972 亿元上升到 7310 亿元，特别是从澳大利亚等国的矿石进口，澳大利亚对我国的矿石出口占澳大利亚出口的 50%以上。庞大的能源、资源产品进口使得进口含污急剧上升。

除以上两个部门外，化学工业（部门 11）以及通用、专用设备制造业（部门 15）两个部门的净含污也为负。

在工业粉尘的净出口隐含污染方面，非金属矿物制品业（部门 12）表现非常突出，该部门净含污量 2005 年为 19 万吨，2012 年为 17 万吨。若结合贸易规模考虑，会发现该部门的净出口额并不大，因此该部门净粉尘含污的原因在于完全排放系数。

四、我国工业进出口含污量的影响因素分析

贸易规模和完全排放系数与对外贸易含污的关系，直观上来看，贸易规模越大，含污量越多；完全排放系数越大，含污量也越多。为进一步明确完全排放系数、贸易规模以及贸易结构对污染排放的影响，此部分利用 LMDI 方法定量分析这三个因素的影响效应。

（一）对数均值迪氏因素分解法

分解法主要包括指数分解法和结构分解法，昂（Ang）对各种分解方法进行了比较分析，证明对数均值迪氏因素分解法（Logarithmic Mean Divisia Index Method，简称为 LMDI）分解出的残差为零，分解结果精确高，乘法分解与加法分解结果是一致的①。笔者使用 LMDI 这一方法对各种因素进行定量分解，由于篇幅限制，只列出加法分解的计算结果。且在计算中，也出现了零值情况，

① Ang B.W., Liu N.,“Handling Zero Values in the Logarithmic Mean Diyisia Index Decomposition Method”, *Energy Policy*, 2007, (35): 238-246.

也用一个较小的数值代替零值。

在式(5-6)和(5-7)中没有贸易结构因素,为了体现贸易结构对含污量的影响作用,对进出口含污量公式进行适当调整,变形为式(5-8)和(5-9)。

$$出口含污量\ e^{E}=\sum_{k=1\ldots n} f_{k}\times EX_{k}=\sum_{k=1\ldots n} f_{k}\times(EX_{k}/EX)\times EX \tag{5.8}$$

$$进口含污量\ e^{M}=\sum_{k=1\ldots n} f_{k}\times M_{k}=\sum_{k=1\ldots n} f_{k}\times(M_{k}/M)\times M \tag{5.9}$$

其中,EX_k/EX 表示出口贸易结构,M_k/M 表示进口贸易结构。

在此基础上,对出口含污量和进口含污量的变动量(增量)进行分解,在此处将完全排放系数界定为技术进步因素。

出口含污变动量分解为技术进步、出口贸易规模、出口贸易结构;同理,进口含污变动量也分解为技术进步、进口贸易规模、进口贸易结构。

出口含污分解为:

$$\begin{aligned}\Delta e^{E}&=e^{E}{}_{t}-e^{E}{}_{t-1}\\&=\sum_{k=1\ldots n} f_{k}{}^{t}\times(EX_{k}/EX)^{t}\times EX^{t}-\sum_{k=1\ldots n} f_{k}{}^{t-1}\times(EX_{k}/EX)^{t-1}\times EX^{t-1}\\&=\Delta e^{E}{}_{技术}+\Delta e^{E}{}_{结构}+\Delta e^{E}{}_{规模}\end{aligned} \tag{5.10}$$

$$技术进步因素:\Delta e^{E}{}_{技术}=\sum_{k}\frac{e_{k}{}^{Et}-e_{k}{}^{Et-1}}{\ln(e_{k}{}^{Et}/e_{k}{}^{Et-1})}\times\ln\frac{f_{k}{}^{t}}{f_{k}{}^{t-1}}$$

$$出口贸易规模因素:\Delta e^{E}{}_{规模}=\sum_{k}\frac{e_{k}{}^{Et}-e_{k}{}^{Et-1}}{\ln(e_{k}{}^{Et}/e_{k}{}^{Et-1})}\times\ln\frac{EX^{t}}{EX^{t-1}}$$

$$出口贸易结构因素:\Delta e^{E}{}_{结构}=\sum_{k}\frac{e_{k}{}^{Et}-e_{k}{}^{Et-1}}{\ln(e_{k}{}^{Et}/e_{k}{}^{Et-1})}\times\ln\frac{(EX_{k}/EX)^{t}}{(EX_{k}/EX)^{t-1}}$$

进口含污分解为:

$$\begin{aligned}\Delta e^{M}&=e^{M}{}_{t}-e^{M}{}_{t-1}\\&=\sum_{k=1\ldots n} f_{k}{}^{t}\times(M_{k}/M)^{t}\times M^{t}-\sum_{k=1\ldots n} f_{k}{}^{t-1}\times(M_{k}/M)^{t-1}\times M^{t-1}\\&=\Delta e^{\mathrm{M}}{}_{技术}+\Delta e^{\mathrm{M}}{}_{结构}+\Delta e^{\mathrm{M}}{}_{规模}\end{aligned} \tag{5.11}$$

$$技术进步因素:\Delta e^{\mathrm{M}}{}_{技术}=\sum_{k}\frac{e_{k}{}^{\mathrm{M}t}-e_{k}{}^{\mathrm{M}t-1}}{\ln(e_{k}{}^{\mathrm{M}t}/e_{k}{}^{\mathrm{M}t-1})}\times\ln\frac{f_{k}{}^{t}}{f_{k}{}^{t-1}}$$

$$进口贸易规模因素:\Delta e^{\mathrm{M}}{}_{规模}=\sum_{k}\frac{e_{k}{}^{\mathrm{M}t}-e_{k}{}^{\mathrm{M}t-1}}{\ln(e_{k}{}^{\mathrm{M}t}/e_{k}{}^{\mathrm{M}t-1})}\times\ln\frac{M^{t}}{M^{t-1}}$$

进口贸易结构因素：$\Delta e^{M}{}_{结构} = \sum_k \frac{e_k{}^{Mt} - e_k{}^{Mt-1}}{\ln(e_k{}^{Mt}/e_k{}^{Mt-1})} \times \ln \frac{(M_k/M)^t}{(M_k/M)^{t-1}}$

（二）工业进出口含污量因素分解

在因素分解中，分解出的正数代表对环境的消极作用，负数代表对环境的积极作用，数值的绝对值大小表明作用的强弱，笔者以污染物变动量为测算对象（见表 5-8）。

根据分解结果，无论在进口还是出口方面，技术因素均显示为负，贸易规模均显示为正，贸易结构正负值均存在。从绝对值上看，技术因素的绝对值最大，贸易规模的绝对值次之，贸易结构的绝对值最小。分解结果表明完全排放系数下降是使得污染减少的因素，并且作用较大，技术进步使得出口的 SO_2 含量下降了 1010 万吨，出口工业烟粉尘含量下降了 818 万吨。贸易规模因素一直为正，是使得污染增加的主要因素，由于出口规模的扩大，2012 年比 2005 年多排放了 549 万吨 SO_2 以及 500 万吨工业烟粉尘。

表 5-8　工业进出口污染物因素分解　　（单位：万吨）

	污染物	工业 SO_2			工业烟粉尘		
	影响因素	2007—2005	2010—2007	2012—2010	2007—2005	2010—2007	2012—2010
出口含污量	技术进步	-415.76	-377.98	-216.81	-438.77	-265.30	-113.96
	出口贸易结构	23.43	-9.51	3.92	19.45	-1.75	3.48
	出口贸易规模	339.29	108.17	101.69	339.29	108.17	53.43
	总效应	-53.05	-279.32	-111.20	-80.03	-158.88	-57.05
进口含污量	技术进步	-362.72	-352.59	-224.99	-380.36	-219.78	-97.76
	进口贸易结构	-16.24	-0.31	4.17	-17.90	-2.68	2.04
	进口贸易规模	177.04	216.42	97.97	94.48	108.08	48.28
	总效应	-201.92	-136.49	-122.85	-303.78	-114.38	-47.44

资料来源：根据因素分解法计算。

总效应的正负主要取决于技术因素、贸易规模因素、贸易结构因素三者的较量，技术因素是含污量下降的因素，贸易规模因素是含污量上升的因素，贸易结构因素作用较小。由于技术进步大于贸易规模和贸易结构的作用,所以,2005—2012 年期间,我国工业进出口的净含污量在不断下降。

五、对外贸易环境度量指标分析

(一)对外贸易污染贡献率

对外贸易污染贡献率是一国出口的含污量占进出口含污总量的比重,它表示在技术条件一定的情况下,一个国家或地区以产品输出的形式对世界其他国家的环境贡献。分为总的污染贡献率和行业的污染贡献率,计算公式为:

$$\text{对外贸易污染贡献率} = \left(\frac{e^E}{e^E + e^M}\right) \times 100\% \tag{5.12}$$

$$\text{部门污染贡献率} = \left(\frac{e^E{}_k}{e^E{}_k + e^M{}_k}\right) \times 100\% = \left(\frac{f_k \times EX_k}{f_k \times EX_k + f_k \times M_k}\right) \times 100\% \tag{5.13}$$

其中,e^E和 e^M的含义为出口和进口含污总量,e_k^E和 e_k^M分别表示 k 部门出口和进口含污量。对外贸易污染贡献率评价一国对国际社会环境的综合贡献率,也说明了本国承担的环境污染负担。若本国贡献率大于 50%,说明本国对世界其他国家的环境有正的贡献,也意味着对外贸易对本国环境的消极作用。我国各个工业部门污染贡献率及总的污染贡献率,计算结果见表 5-9。

表 5-9 2007—2012 年我国各工业部门对外贸易污染贡献率

部门编号	工业部门	2007	2010	2012	贡献率高低	对环境作用
1	煤炭开采和洗选业	69.09%	54.88%	9.70%	极低	积极
2	石油和天然气开采业	8.27%	2.92%	1.81%	极低	积极
3	金属矿采选业	4.29%	1.98%	1.03%	极低	积极
4	非金属矿及其他矿采选业	41.01%	33.37%	25.47%	低	积极
5	食品制造及烟草加工业	61.91%	54.73%	47.75%	中	积极
6	纺织业	78.47%	90.94%	90.33%	极高	消极
7	纺织服装鞋帽皮革羽绒及其制品业	88.58%	90.31%	88.41%	极高	消极

续表

部门编号	工业部门	2007	2010	2012	贡献率高低	对环境作用
8	木材加工及家具制造业	85.85%	89.96%	85.37%	极高	消极
9	造纸印刷及文教体育用品制造业	66.13%	73.21%	68.41%	高	消极
10	石油加工、炼焦及核燃料加工业	17.33%	34.62%	28.37%	低	积极
11	化学工业	39.76%	44.29%	44.36%	中	积极
12	非金属矿物制品业	75.57%	79.73%	78.50%	高	消极
13	金属冶炼及压延加工业	36.31%	54.41%	41.63%	中	积极
14	金属制品业	75.37%	85.89%	82.79%	极高	消极
15	通用、专用设备制造业	38.55%	44.89%	42.49%	中	积极
16	交通运输设备制造业	50.66%	52.22%	46.10%	中	积极
17	电气机械及器材制造业	56.75%	66.52%	68.69%	高	消极
18	通信设备、计算机及其他电子设备制造业	53.48%	56.74%	57.73%	中	消极
19	仪器仪表及文化办公用机械制造业	45.51%	45.17%	42.64%	中	积极
20	工艺品及其他制造业和废品废料	45.94%	45.14%	33.56%	低	积极
21	电力、热力的生产和供应业	71.74%	78.36%	81.00%	极高	消极
22	燃气生产和供应业	0%	0%	0%	极低	积极
23	水的生产和供应业	0%	0%	0%	极低	积极
24	建筑业	61.56%	64.89%	74.08%	高	消极
	总对外贸易污染贡献率	50.10%	54.53%	50.39%	中	消极

资料来源:根据对外贸易含污量计算。

计算结果显示工业 SO_2、工业烟尘、工业粉尘三种污染物的对外贸易污染贡献率的值是相同的,因此仅列出一项予以说明。在上述 24 个工业部门中,除燃气和水的生产和供应业没有对外贸易额之外,在剩余的 22 个工业部门中,有大约 12 个部门的对外贸易污染贡献率超过 50%,大约 10 个部门污染贡献率低于 50%,总的污染贡献率略大于 50%。

第一,污染贡献率比较高的部门有:纺织业(部门 6)、纺织服装鞋帽皮革羽绒及其制品业(部门 7)、木材加工及家具制造业(部门 8)、金属制品业(部门 14)、非金属矿物制品业(部门 12)、电力、热力的生产和供应业(部门 21),

这几个部门的污染贡献率都在 80%左右,其中纺织业的污染贡献率在 2010 年达到了 90.94%。

污染贡献率的公式衡量出口污染排放在进出口污染排放总量中的比重,部门污染贡献率高是由于出口排放远远大于进口排放,如纺织业(部门 6)和纺织服装鞋帽皮革羽绒及其制品业(部门 7)这两个部门的出口排放大约为进口排放的 10 倍,木材加工及家具制造业(部门 8)的出口排放大约为进口排放的 8—10 倍,金属制品业(部门 14)的出口排放为进口排放的 5 倍左右。进一步,又因为进出口污染排放为进出口规模和完全排放系数的乘积,完全排放系数又可以约掉,因此影响污染贡献率大小的决定因素为进出口贸易规模,这几个部门的对外贸易污染贡献率高的根本原因在于出口贸易规模大于进口贸易规模,污染贡献率高也意味着我国对国际环境正的贡献大。

第二,污染贡献率比较低的部门有:金属矿采选业(部门 3)、石油和天然气开采业(部门 2)、石油加工、炼焦及核燃料加工业(部门 10),有些部门的污染贡献率是极低的,如 2012 年金属矿采选业(部门 3)的污染贡献率仅为 1.03%,石油和天然气开采业(部门 2)的污染贡献率为 1.81%。

根据污染贡献率公式,污染贡献率高低在于出口排放量占进出口排放总量的比重,从根本上取决于进口和出口规模。2007—2012 年,金属矿采选业的进口规模大约为出口规模的 1%—4%,如 2012 年,该行业进口规模为 7366 亿元,排在工业进口第 5 位,出口规模仅为 76.35 亿元,排在各工业部门出口的最后一位;石油和天然气开采业、石油加工进口规模大约为出口规模的 2%—9%,2012 年进口规模为 8603 亿元,出口仅为 158 亿元。污染贡献率低也意味着我国对国际环境负的贡献,在这些行业中,我国是环境污染的输出国。

第三,污染贡献率大体持平的部门有:通信设备、计算机及其他电子设备制造业(部门 18)、交通运输设备制造业(部门 16)、电气机械及器材制造业(部门 17)、仪器仪表及文化办公用机械制造业(部门 19)。通信设备、计算机及其他电子设备制造业的 2007 年、2010 年、2012 年的污染贡献率分别为 53.48%、56.74%、57.73%,2010 年该行业的进口额为 17661 亿元,出口额为 24125 亿元,均位居首位。

(二)对外贸易污染相关度

对外贸易污染相关度衡量一国因对外贸易排放的污染量在国内污染排放中的比重,具体又分为外贸污染相关度、进口污染相关度和出口污染相关度三类。外贸污染相关度是指一国的进出口隐含污染量在该国国内经济污染排放总量中的比重,进口污染相关度为进口隐含污染占国内污染排放总量的比重,出口污染相关度为出口隐含污染占国内污染排放总量的比重,计算公式分别为:

$$\text{外贸污染相关度} = \left(\frac{e^E + e^M}{e}\right) \times 100\% \tag{5.14}$$

$$\text{进口污染相关度} = \frac{e^M}{e} \times 100\% \tag{5.15}$$

$$\text{出口污染相关度} = \frac{e^E}{e} \times 100\% \tag{5.16}$$

e 为某种污染物国内污染排放总量,具体包括供国内消费产品的污染排放和出口产品污染排放①。外贸污染相关度表明该国发展经济的污染排放与对外贸易的关系,其值的变化意味着外贸污染含量在一国经济总污染排放量所处地位的变化。一般来讲,外贸污染相关度越高,说明对外贸易污染对该国经济中总污染排放的影响越大,也表明该国发展经济的污染排放对外贸的依赖程度越大。根据式(5.14)和(5.16),污染相关度计算结果见表 5-10。

表 5-10　2007—2012 年我国对外贸易污染相关度

指　标	工业 SO_2			相关度	工业烟粉尘			相关度
	2007	2010	2012		2007	2010	2012	
外贸污染相关度	118%	93%	79%	下降	113%	87%	73%	下降
进口污染相关度	59%	42%	39%	下降	56%	41%	35%	下降
出口污染相关度	59%	51%	40%	下降	57%	46%	38%	下降

资料来源:根据对外贸易含污量计算。

① 国内污染物排放总量=国内对国产品最终使用排放+出口产品污染排放

第一，对外贸易污染相关度$(e^E+e^M)/e$衡量进出口污染排放占国内污染排放的比重。SO_2、烟尘、粉尘的对外贸易相关度分别从2007年的118%、113%、80%下降到2012年的79%、73%。55%。这三年的数值表明我国对外贸易与污染排放关系非常密切。这里尤其要关注出口污染相关度，因为出口污染排放在国内，出口污染相关度更能体现出口排放与国内经济的相关性。

第二，出口污染相关度e^E/e衡量出口污染排放占国内污染排放的比重，工业SO_2从2007年的59%下降到2012年的40%；同期工业烟尘从57%升到61%。虽然出口污染相关度都出现了下降，但是比值仍旧比较大。以2012年为例，2012年在国内经济排放的工业SO_2总量为1610万吨，其中40%（相当于640万吨）是由于制造出口产品而排放的；同年工业烟尘和工业粉尘完全排放总量中有38%（215万吨）是用于制造出口产品而排放。我国较高的出口污染相关度一方面说明我国出口规模占经济总量的比重较大，经济增长对对外贸易的依赖比较大。

第三，进口污染相关度方面，工业SO_2对外贸易相关度从2007年的59%下降到2012年的39%；同期，工业烟粉尘则从56%下降到35%。

进口污染相关度衡量进口污染排放占国内污染排放的比重，分子e^M为进口含污总量，分母e为某种污染物国内污染排放总量，不包括e^M。这里再次强调进口产品污染排放的归属问题，进口产品在国外生产，污染也排放在国外，因此进口产品的污染排放是对本国环境压力的减轻。以2012年为例，进口污染相关度下降，相当于进口为本国减轻了629万吨环境压力；同理工业烟粉尘的环境压力减轻量分别为199万吨。2007—2012年，进口污染相关度比较高说明我国污染排放对进口贸易的依赖度也较高。

（三）对外贸易环境损失率

对外贸易环境损失率是指一国对外贸易中净出口含污量占该国国内污染排放总量的比重，其计算公式表示为：

$$对外贸易环境损失率 = \left(\frac{e^E - e^M}{e}\right) \times 100\% \tag{5.17}$$

其中，e^E-e^M表示净出口含污量，e为国内污染排放总量。

对外贸易环境损失率的正负反映对外贸易对一国环境污染的正面和负面影响，绝对值的大小反映影响的程度大小。

(1)若 e^E-e^M 为正，说明对外贸易活动对本国环境产生了不良影响，绝对值越大，该国的环境损失越大。

(2)若 e^E-e^M 为负，表明进口的含污量大于出口含污量，说明外贸活动对本国环境产生了有利影响。绝对值越大说明了国际贸易对本国环境的影响程度越大，我国对外贸易环境损失率计算结果见表 5-11。

表 5-11　2005—2012 年我国对外贸易环境损失率

指　标	工业 SO_2			工业烟粉尘		
	2007	2010	2012	2007	2010	2012
外贸环境损失率	0.23%	8.39%	0.61%	1.11%	5.38%	2.70%
对我国环境利弊	不利	不利	不利	不利	不利	不利

由于三种污染物的净出口含污量均大于 0，因此环境损失率都为正值。三种污染物上，环境损失率都有所波动，SO_2 从 2007 年的 0.23%上升到 2010 年的 8.39%，然后下降到 2012 年的 0.61%；同期工业烟粉尘从 1.11%增加到 2.7%。这三年净出口含污量为正，说明进口的污染排放并未完全抵消出口污染排放，损失率为正，说明对外贸易对我国环境最终造成了破坏，但是这种破坏的程度并不是特别大。

(四)对外贸易污染拖累度

对外贸易污染拖累度是净出口含污量的增量占本国国内污染排放增量的比重。对外贸易污染拖累度反映本年国内经济污染排放的增量有多少是由净出口含污量的增加所引起的。其公式表示为：

$$\text{对外贸易污染拖累度} = \frac{\Delta(e^E - e^M)}{\Delta e} \times 100\% \tag{5.18}$$

其中，$\Delta(e^E-e^M)$ 表示净出口含污量的增量，Δe 表示本国国内污染排放增量，由于分子分母正负均会出现，会有四种情况。

(1)若国内污染排放增量 Δe 为正值,如果净出口含污量的增量$\Delta\ (e^E-e^M)$也为正,拖累率为正,该比值越高,说明净出口污染排放对国内污染排放的拖累越重。

(2)若 Δe 为正值,$\Delta\ (e^E-e^M)$ 为负,则拖累率为负,说明对外贸易没有对本国环境产生拖累,相反对外贸易对本国环境改善有利。

(3)若 Δe 为负值,说明国内经济发生了有利于环境保护的技术进步,污染排放下降。若 $\Delta\ (e^E-e^M)$ 为正,即认为本期净出口含污量比上年含污量要多,拖累率为负,说明对外贸易对本国环境产生拖累。

(4)若 Δe 为负值,$\Delta\ (e^E-e^M)$ 为负,拖累率为正说明在国内发生技术进步的同时,净出口含污量也在下降,对外贸易中没有对环境产生拖累。

从表 5-12 可见,显然 2005—2007 年间对外贸易对环境产生拖累,2007—2010 年间,对外贸易对环境没有拖累,我们分两个阶段讨论。

表 5-12　2005—2010 年我国对外贸易的污染拖累度

指　标	工业 SO_2		工业烟尘	
	2010—2007	2012—2010	2010—2007	2012—2010
外贸污染拖累率	-82%	68%	-29%	24%
是否拖累环境	拖累	不拖累	拖累	不拖累

第一,2007—2010 年间,在三种污染物上,国内经济由于产生了有利于环境保护的技术进步,污染排放增量 Δe 为负,但是净出口污染增量 $\Delta\ (e^E-e^M)$ 为正,二者相比,污染拖累率为负,说明了净出口对本国环境产生了拖累。这种拖累体现在工业 SO_2 上非常突出,达到了 82%,同期工业烟粉尘拖累率为-29%。

第二,2010—2012 年间,净出口增量均为负,2010—2012 年的国内经济的污染排放增量均为负,因此这一阶段的污染拖累率为正。以 SO_2 为例,拖累率 68%说明对外贸易中没有对环境保护产生拖累,反而环境得到了良好的保护。

在三种污染物上,拖累率从负值转变为正值,说明本国对外贸易对本国环境的作用从拖累逐渐转变为正的保护作用。

本章利用2005—2012年我国投入产出表，计算了工业部门排放系数、进出口贸易含污量、含污量的部门分布及其影响因素。

首先，从含污量上来说，2005—2012年三类污染物从总量上来看，出口含污量大于进口含污量，净含污量为正；我国因出口而排放的污染占全国生产部门排放的1/2，这表明我国出口贸易对我国环境造成了不小的负担；从总量变动角度看，进出口含污均出现较大幅度下降，这和完全排放系数的下降密切相关。

其次，从含污量的部门分布上看，出口含污主要集中在我国出口贸易额较大的部门，如通信、纺织、化学等部门；进口含污也主要集中在进口额较大的部门，如通信、化学、石油天然气开采、金属矿采等部门；从各部门隐含污染的变动来看，各部门进出口隐含污染均出现下降状态，这要得益于我国近年实施的“节能减排”政策，它使得我国完全排放系数出现大幅下降。

最后，从影响对外贸易含污的影响因素来看，技术进步因素起抑制污染排放作用，贸易规模因素起促进污染排放作用，贸易结构优化对污染减排的作用尚不明显；由于技术进步因素超过了贸易规模因素，因此我国出现了进出口含污均出现下降的结果。

需要说明的是，一是对外贸易使得产品和“污染”在空间上产生分离，产品会随国际贸易跨国流动，而污染物一般保留在原地，一国因国际贸易而承担的净环境污染负担取决于出口污染排放与进口减排的较量；二是本章使用单区域投入产出研究方法，在计算进口产品含污量时采用“进口替代”思想，即若进口产品在我国境内生产会排放的污染量，因此进口含污量应理解为我国污染的减排量。在第六章将考虑技术异质性，以增加值贸易核算为基础采用多区域非竞争型投入产出表研究我国与主要贸易伙伴国的增加值贸易含污量。

第六章 我国对美日韩增加值贸易含污量分析

本章将基于多区域非竞争型投入产出表，研究我国与主要贸易伙伴国（美国、日本、韩国）的对外贸易含污状况，为了更加精确地刻画我国与主要贸易伙伴国对外贸易发生额与含污量，引入增加值贸易核算体系。

增加值贸易概念的出现源自经济全球化背景下的国际垂直专业化分工。克鲁格曼（Krugman）认为第二次世界大战以后，世界经济生产体系的核心内容是以各国技术差异为基础的在价值链不同阶段上的专业化分工①。我国经济学家卢锋认为“很多产品生产过程所包含的不同工序和区段，被拆散分布到不同国家进行，形成以工序、区段、环节为对象的分工体系”②。

在目前国际垂直专业化分工下，不同国家分布在生产的不同工序环节，处于工序分工上游的国家将产品作为零部件出口到下游国家，下游国家加工后再次转移到另一国，最终在某一国完成该产品全部生产，该产品作为最终产品又再次出口到其他国家。从价值增值角度看，处于生产环节下游国家的出口存在重复计算问题，根据海关统计的出口量包含了上游国家的价值增值，特别是生产最终产品的国家，名义出口和真实价值增值之间的差距较大。这种价值增值与贸易额的偏离引起了很多经济学家的关注，2011 年，WTO 总干事帕斯卡·拉米呼吁，全球贸易应以“增加值贸易”作为新的贸易核算标准，随后，WTO 和 OECD 共同研究开发增加值贸易核算方法，用该方法反映一国真实贸

① Krugman, Paul, “Growing world trade: causes and consequences”, *Brookings papers on economic activity*, 1995, (1): 327-362.

② 卢锋：《产品内贸易》，《经济学季刊》2004 年第 10 期。

易增值，而不是总量数值。

我国与美、日、韩三国双边贸易关系密切，相互之间的贸易非常活跃，因此以增加值贸易额来还原双边贸易的真实面貌，进而揭示增加值贸易含污量，非常具有现实意义。出于这样的考虑，本章首先介绍增加值贸易的理论基础和模型，并计算我国与美、日、韩三国的增加值贸易额；其次基于增加值贸易额计算我国与美、日、韩三国的贸易含污总量和工业部门含污量；最后分析影响增加值贸易含污量的因素。

一、多区域非竞争型投入产出表

（一）增加值贸易计算方法

增加值贸易理论和核算方法，无一例外需要使用非竞争型世界投入产出表，非竞争型世界投入产出表不仅反映了一国内部国民经济各部门的联系，而且也体现了国家之间的投入关系以及最终产品的流向。

非竞争型世界投入产出表基本结构（见表 6-1），在开放经济状态下，一国中间产品投入来自国内和进口两部分，最终使用也流向国内和国外两部分。i 国的中间产品投入部分既有来自国内的 X_{ii} 部分，也来自国外的 X_{ij} 部分；i 国最终产品既可供本国消耗 Y_{ii}，也可以供国外消耗 Y_{ij}。

表 6-1　非竞争型世界投入产出表基本结构

	国家	中间使用				最终使用				总产出
		国家 1	国家 2	…	国家 n	国家 1	国家 2	…	国家 n	
中间投入	国家 1	X_{11}	X_{12}	…	X_{1n}	Y_{11}	Y_{12}	…	Y_{1n}	X_1
	国家 2	X_{21}	X_{22}	…	X_{2n}	Y_{21}	Y_{22}	…	Y_{2n}	X_2
	…	…	…	…	…	…	…	…	…	…
	国家 n	X_{n1}	X_{n2}	…	X_{nn}	Y_{n1}	Y_{n2}		Y_{nn}	X_n
增加值合计		V_1	V_2	…	V_n					
总投入		X_1	X_2	…	X_n					

资料来源：根据世界投入产出表整理。

目前采用比较广泛的是欧盟委员会公布的1995—2011年世界投入产出表，该表涵盖了41个国家和地区35个部门的投入产出关系①。由于世界投入产出表展示了国与国之间不同部门的投入和产出关系，因此它在分析产品的价值构成方面具有独特的优势。

增加值贸易统计是一个渐进的过程，王直在考察东亚国家价值链生产过程中，在理论上将一国出口总额分解为国内价值部分和国外价值部分②；随后约翰逊（Johnson）和诺古拉（Noguera）等继续阐明增加值出口的含义③；在王直等学者研究基础上，库普曼（Koopman）阐明了总值出口、出口国内价值含量、增加值出口关系，并且将增加值出口进一步细化为直接增加值出口和间接增加值出口④。本章总值贸易额和增加值贸易额的计算基于王直和库普曼的推导。

以3国N部门模型为例，X_i为N行1列总产出向量，Y_{ij}为N行1列最终需求向量，表示j国对i国的最终产品需求，A_{ij}为N行N列直接消耗系数矩阵，B_{ij}为里昂惕夫逆矩阵，$i,j=1,2,3$代表3个国家。

根据投入产出关系，总产出、中间投入和最终需求有如下关系：

$$\begin{bmatrix} X_1 \\ X_2 \\ X_3 \end{bmatrix} = \begin{bmatrix} A_{11} & A_{12} & A_{13} \\ A_{21} & A_{22} & A_{23} \\ A_{31} & A_{32} & A_{33} \end{bmatrix} \begin{bmatrix} X_1 \\ X_2 \\ X_3 \end{bmatrix} + \begin{bmatrix} Y_{11} & Y_{12} & Y_{13} \\ Y_{21} & Y_{22} & Y_{23} \\ Y_{31} & Y_{32} & Y_{33} \end{bmatrix} \tag{6.1}$$

将(6.1)变形为：

$$\begin{bmatrix} X_1 \\ X_2 \\ X_3 \end{bmatrix} = \begin{bmatrix} I-A_{11} & -A_{12} & -A_{13} \\ -A_{21} & I-A_{22} & -A_{23} \\ -A_{31} & -A_{32} & I-A_{33} \end{bmatrix}^{-1} \begin{bmatrix} Y_{11} & Y_{12} & Y_{13} \\ Y_{21} & Y_{22} & Y_{23} \\ Y_{31} & Y_{32} & Y_{33} \end{bmatrix} = \begin{bmatrix} B_{11} & B_{12} & B_{13} \\ B_{21} & B_{22} & B_{23} \\ B_{31} & B_{32} & B_{33} \end{bmatrix} \begin{bmatrix} Y_{11} & Y_{12} & Y_{13} \\ Y_{21} & Y_{22} & Y_{23} \\ Y_{31} & Y_{32} & Y_{33} \end{bmatrix} \tag{6.2}$$

---

① 见WIOD数据库 http://www.wiod.org。

② Wang, Zhi, William Powers, Shang-Jin Wei, Value Chains in East Asian Production Networks, USITC Working Paper, No.2009-10-C.

③ Robert.C.Johnson, Guillermo Noguera, Accounting for Intermediates Production Sharing and Trade in Value Added, *Journal of International Economics*, 2012, (86), 224-236.

④ Koopman Robert, Zhi Wang, Shang-Jin Wei, Tracing Valued-added and Double Counting in Gross Exports, NBER Working Paper, No.18579, 2012.

其中$\begin{bmatrix} B_{11} & B_{12} & B_{13} \\ B_{21} & B_{22} & B_{23} \\ B_{31} & B_{32} & B_{33} \end{bmatrix}$为里昂惕夫逆矩阵。

其中$B_{11} = \left\{ \begin{array}{l} I - A_{11} - A_{12}\,[I - A_{22} - A_{23}\,(I - A_{33})^{-1}A_{32}]^{-1}[A_{21} + A_{23}\,(I - A_{33})^{-1}A_{31}] \\ - A_{13}\,[I - A_{33} - A_{32}\,(I - A_{22})^{-1}A_{23}]^{-1}[A_{31} + A_{32}\,(I - A_{22})^{-1}A_{21}] \end{array} \right\}^{-1}$

B_{12}至B_{33}等其余 8 个矩阵的推导见 Wang①。

设 i 国价值增值率 $V_i = u(I - A_{1i} - A_{2i} - A_{3i})$，u 为各元素为 1 的 1 行 N 列行向量。

$$VB = \begin{bmatrix} V_1B_{11} & V_1B_{12} & V_1B_{13} \\ V_2B_{21} & V_2B_{22} & V_2B_{23} \\ V_3B_{31} & V_3B_{32} & V_3B_{33} \end{bmatrix}$$

能够证明 VB 矩阵各列元素之和有如下关系：

$$V_1B_{11} + V_2B_{21} + V_3B_{31} = V_1B_{12} + V_2B_{22} + V_3B_{32} = V_1B_{13} + V_2B_{23} + V_3B_{33} = u$$

一国总值出口中的国内价值含量 DV 和国外价值含量 FV 部分分别为：

$$DV = \begin{bmatrix} DV_1 \\ DV_2 \\ DV_3 \end{bmatrix} = \begin{bmatrix} V_1B_{11}E_1 \\ V_2B_{22}E_2 \\ V_3B_{33}E_3 \end{bmatrix} = \begin{bmatrix} V_1B_{11}(E_{12} + E_{13}) \\ V_2B_{22}(E_{21} + E_{23}) \\ V_3B_{33}(E_{31} + E_{32}) \end{bmatrix}$$

$$FV = \begin{bmatrix} FV_1 \\ FV_2 \\ FV_3 \end{bmatrix} = \begin{bmatrix} V_2B_{21}E_1 + V_3B_{31}E_1 \\ V_1B_{12}E_2 + V_3B_{32}E_2 \\ V_1B_{13}E_3 + V_2B_{23}E_3 \end{bmatrix} = \begin{bmatrix} (V_2B_{21} + V_3B_{31})(E_{12} + E_{13}) \\ (V_1B_{12} + V_3B_{32})(E_{21} + E_{23}) \\ (V_1B_{13} + V_2B_{23})(E_{31} + E_{32}) \end{bmatrix}$$

具体到国家 1 对国家 2 总值出口中的国内价值和国外价值增值分别为；

$$\begin{aligned} DV_{12} &= V_1B_{11}E_{12} \\ FV_{12} &= V_2B_{21}E_{12} + V_3B_{31}E_{12} \end{aligned} \tag{6.3}$$

国家 1 对国家 2 总值出口向量如下，国家 2 对国家 1 同理，不再赘述 E_{21} 和 VT_{21}。

① Wang, Zhi, William Powers, Shang－Jin Wei, Value Chains in East Asian Production Networks, USITC Working Paper, No.2009－10－C.

$$E_{12} = A_{12}X_2 + Y_{12} \tag{6.4}$$

一国总值出口分解的国内价值和国外价值如下：

$E_{12} = (V_1B_{11} + V_2B_{21} + V_3B_{31})E_{12} = V_1B_{11}E_{12} + V_2B_{21}E_{12} + V_3B_{31}E_{12} = DV_{12} + FV_{12}$①

根据约翰逊和诺古拉以及库普曼对增加值出口（valued-added export）的定义②，增加值出口是指一国创造的用以满足其他国家最终需求的增加值，则国家 1 对国家 2 的增加值出口表示为：

$$VT_{12} = \underbrace{V_1B_{11}Y_{12} + V_1B_{12}Y_{22}}_{\text{直接增加值出口}} + \underbrace{V_1B_{13}Y_{32}}_{\text{间接增加值出口}} \tag{6.5}$$

我们可以用图 6-1 来说明总值出口 E_{12}、国内价值增值 DV_{12}、增加值出口 VT_{12} 的关系。

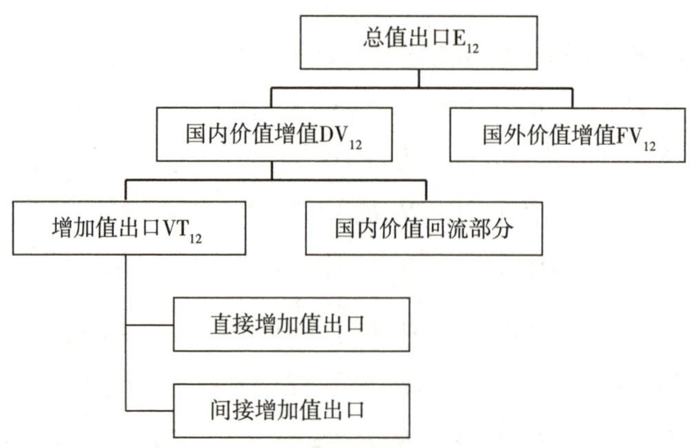

图 6-1　总值出口分解

可见，一国总值出口可以分解为国内价值增值 DV_{12} 和国外价值增值 FV_{12} 两部分，国外价值增值是指国家 1 对国家 2 出口产品中包含的其他国家价值增值部分（$V_2B_{21}E_{12}+V_3B_{31}E_{12}$）。国内价值增值是指国家 1 对国家 2 出口中由

① E_{12} 为国家 1 对国家 2 的总值出口额，E_{12} 为国家 1 对国家 2 的各部门总值出口向量。

② Robert.C.Johnson, Guillermo Noguera, Accounting for Intermediates Production Sharing and Trade in Value Added, *Journal of International Economics*, 2012, (86), 224-236; Koopman Robert, Zhi Wang, Shang-Jin Wei. Tracing Valued-added and Double Counting in Gross Exports, NBER Working Paper, No.18579, 2012.

国家 1 创造的价值增值部分，具体又包含增加值出口 VT_{12} 以及国内价值的回流两部分，国内价值的回流部分是指在国内生产作为中间投入品出口进而又被本国进口的商品，因此回流部分最终是被国内消耗掉，因此不应计入增加值出口中。增加值出口又可以分为直接增加值出口和间接增加值出口，直接增加值出口包含两部分，①为在国家 1 出口给国家 2 最终消费中的国家 1 价值增值（$V_1B_{11}Y_{12}$），②为在国家 1 对国家 2 出口的中间品，供其生产国内最终消费品的国家 1 价值增值（$V_1B_{12}Y_{22}$）；间接增加值出口是指包含在国家 1 对国家 3 出口中的供其生产满足国家 2 最终需求的国家 1 价值增值（$V_1B_{13}Y_{32}$）。

（二）增加值贸易含污量计算方法

直接排放系数是指 S 部门单位产品的直接排放量，用元素 r_s 表示。

$$r_s = e_s/X_s, (s = 1,\dots,n) \tag{6.6}$$

直接排放系数矩阵 r 为 1 行 N 列的行向量，$r = [r_1 \quad \cdots \quad r_s \quad \cdots \quad r_n]$ 。

完全排放系数是指某部门单位最终产品污染排放量，是该部门直接排放和间接排放之和。因为 c_{sk} 表示 k 部门 1 单位最终产品需要 s 部门国产品投入的数量，s 部门为此而排放的污染物属于 k 部门完全排放，因此 k 部门的完全排放系数为：

$$f_k = \sum_{s=1,\dots n} r_s \times c_{sk} \tag{6.7}$$

i 国完全排放系数矩阵为：$f^i = [f^i{}_1 \quad \cdots \quad f^i{}_k \quad \cdots \quad f^i{}_n] = r^i \times (I - A_{ii})^{-1}$

f^i_k 代表 i 国第 k 部门的完全排放系数，f^i 为 i 国完全排放系数矩阵。

完全排放系数为单位最终产品的污染排放量，进出口为最终产品，增加值进出口额更能较准确地反映一国进出口真实状况，完全排放系数分别与增加值进出口额相乘即得到进出口含污量。需要注意的是，国家 1 对国家 2 的出口产品在国家 1 境内生产，而进口产品在国家 2 境内生产，因此出口含污量的计算使用国家 1 的完全排放系数，进口含污量的计算使用国家 2 的完全排放系数。我们以国家 1 为例说明增加值进出口含污的计算方法。

第 k 部门增加值出口含污量：$Ve^{EX}{}_k = f^1{}_k \times VT_{12\ k}$ (6.8)

增加值出口含污总量：$Ve^{EX} = \sum_k Ve^{EX}{}_k$ (6.9)

第 k 部门增加值进口含污量：$Ve^{IM}{}_k = f^2{}_k \times VT_{21k}$ (6.10)

增加值进口含污总量：$Ve^{IM} = \sum_k Ve^{IM}{}_k$ (6.11)

第 k 部门净含污量：$\Delta Ve_k = Ve^{EX}{}_k - Ve^{IM}{}_k$ (6.12)

净含污总量：$\Delta Ve = Ve^{EX} - Ve^{IM}$ (6.13)

其中，e 为硫氧化物排放量；VT_{12k} 表示国家 1 对国家 2 第 k 部门增加值出口额，VT_{21k} 表示国家 1 自国家 2 第 k 部门增加值进口额；f_k^1 为国家 1 的完全排放系数，f_k^2 为国家 2 的完全排放系数；Ve_k^E 和 Ve_k^M 分别表示国家 1 第 k 部门增加值出口含污量和增加值进口含污量，Ve^E 和 Ve^M 分别为国家 1 的增加值出口含污总量和增加值进口含污总量。

根据式(6.8)-(6.13)，我们绘制增加值贸易与增加值含污的关系（见图 6-2）。

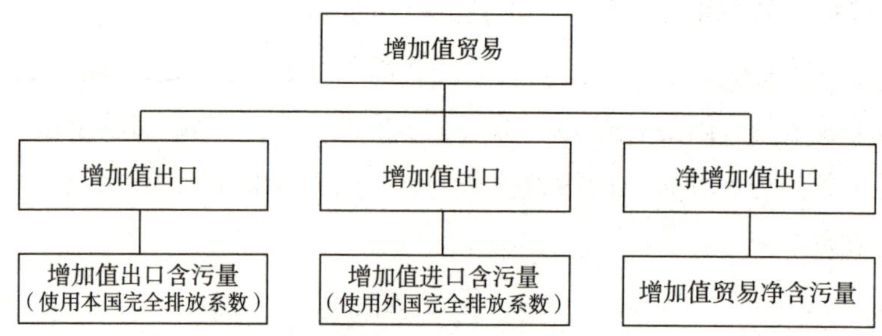

图 6-2 增加值贸易与增加值含污量关系

（三）增加值贸易含污量因素分解方法

在增加值进出口含污总量公式(6.9)和(6.11)中，没有贸易结构因素，为了体现贸易结构对含污量的影响作用，对(6.9)和(6.11)式进行适当调整，变形为式(6.14)和(6.15)。

增加值出口含污总量：

$$Ve^{EX} = \sum_k f^1{}_k \times VT_{12\ k} = \sum_k f^1{}_k \times (VT_{12\ k}/VT_{12}) \times VT_{12} \quad (6.14)$$

增加值进口含污总量：

$$Ve^{IM}=\sum_k f^2{}_k\times VT_{21\ k}=\sum_k f^2{}_k\times(VT_{21\ k}/VT_{21})\times VT_{21} \tag{6.15}$$

其中，VT_{12}表示国家 1 对国家 2 的增加值出口总额，VT_{21}表示国家 1 自国家 2 的增加值进口总额；VT_{12k}/VT_{12}表示国家 1 对国家 2 的出口贸易结构，VT_{21k}/VT_{21}表示国家 1 自国家 2 的进口贸易结构。

在式(6.14)和(6.15)的基础上，对增加值出口含污增量 ΔVe^{EX} 和增加值进口含污增量 ΔVe^{IM} 进行分解。在此处将完全排放系数界定为技术进步因素。

增加值出口含污增量=总效应=本国技术进步因素+增加值出口贸易规模因素+增加值出口贸易结构因素

增加值进口含污增量=总效应=外国技术进步因素+增加值进口贸易规模因素+增加值进口贸易结构因素

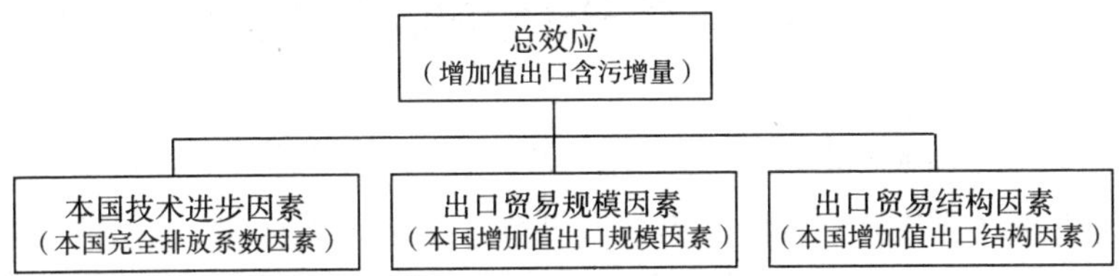

图 6-3　增加值出口含污量因素分解关系

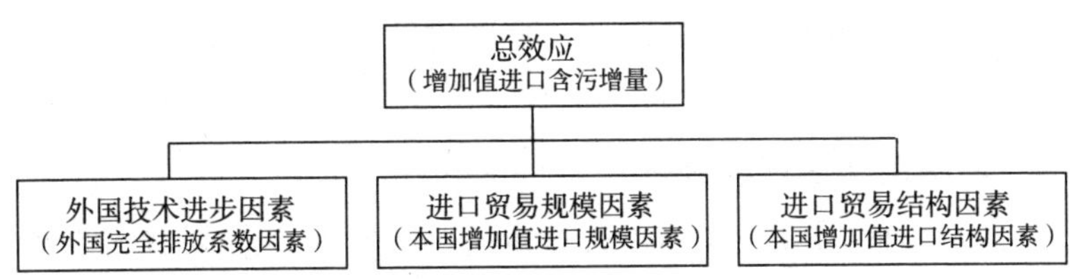

图 6-4　增加值进口含污量因素分解关系

我们选取欧盟委员会编制的 2000—2009 年世界投入产出表，该表包含 41 个国家和地区①，该表主要部门如表 6-2 所示。

① 包括欧盟 27 国、中国、美国、日本以及韩国等主要国家和地区。

表 6-2　世界投入产出表部门分类

部门编号	部　门	部门编号	部　门
C1	农、林、牧、渔	C10	橡胶和塑料制品
C2	采掘业	C11	其他非金属矿产品
C3	食品、饮料和烟草	C12	基本金属和金属制品
C4	纺织业	C13	机械及电气产品
C5	皮革及其制品业	C14	电子和光学设备
C6	木材、木材产品和软木	C15	交通运输设备
C7	纸浆、纸张、印刷和出版	C16	其他制造业及回收业
C8	焦炭、精炼石油及核燃料	C17—C35	其他服务业部门
C9	化学品和化工产品	—	—

资料来源：根据世界投入产出表整理。

二、我国对美日韩增加值贸易分析

主要根据2000—2009年世界投入产出表，分别计算以增加值贸易为统计口径的我国对美日韩三国的进出口贸易额。需要说明的是，增加值贸易额与总值贸易额差距可以反映出一国的国际分工地位。若总值出口大于增加值出口，说明一国出口产品中其他国家的价值增值占据一定比例。这个比例越大，说明本国进口的中间投入品越多，处于国际价值链生产的中下游。

（一）中美增加值贸易分析

贸易总额方面，中美之间存在较严重的贸易失衡，我国对美国贸易存在大量顺差。按增加值贸易统计口径计算，2009年我国对美增加值出口额为2634亿美元，增加值进口额为746亿美元，贸易顺差达1888亿美元（见图6-5）。中美增加值贸易额与总值贸易额存在一定差距。按总值统计口径，中国对美出口从2000年的743亿美元增长到2009年的2904亿美元，中国自美进口从2000年的187亿美元增长到2009年的1012亿美元；同期，按增加值统计口径，中国对美出口从679亿美元增长到2634亿美元，中国自美进口从156亿

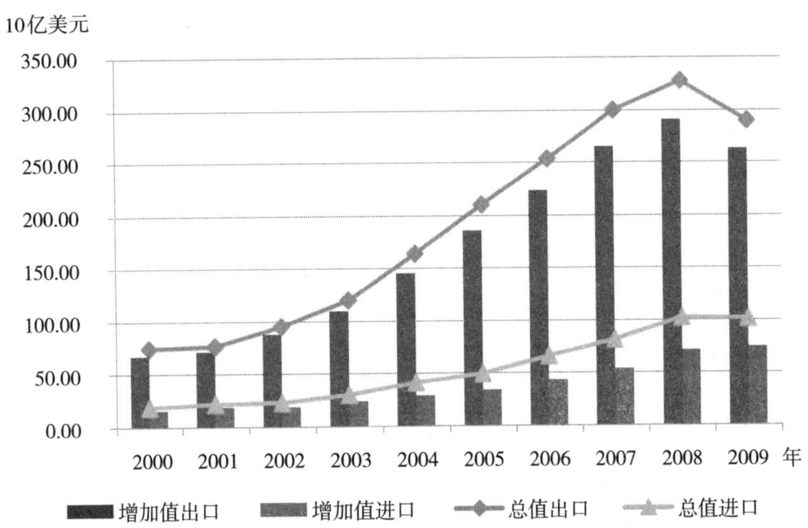

图 6-5　2000—2009 年中美总值贸易额与增加值贸易额对比

资料来源:根据 WIOD 世界投入产出表计算。

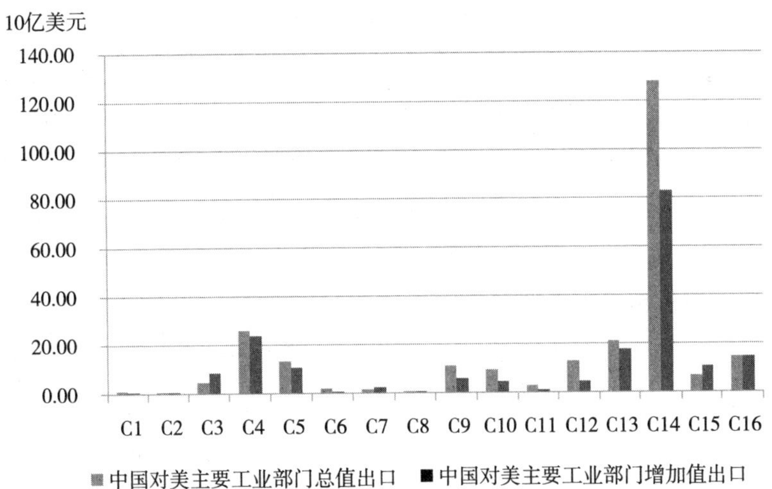

图 6-6　2009 年中国对美主要工业部门总值与增加值出口对比

资料来源:根据 WIOD 世界投入产出表计算。

美元增长到 746 亿美元。2000—2009 年间总值口径统计的出口平均高估出口规模约 10%,总值进口平均高估进口规模约 26%。

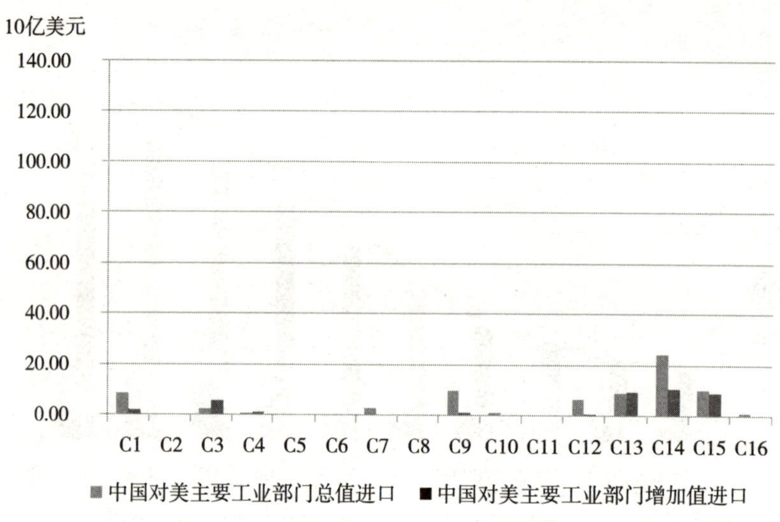

图 6-7　2009 年中国自美主要工业部门总值与增加值进口对比

资料来源：根据 WIOD 世界投入产出表计算。

出口工业部门方面，中国对美各部门总值出口与增加值出口均存在一定差距，中国向美出口的多数工业部门体现为总值出口大于增加值出口的状态。在 15 个工业部门中①总值出口大于增加值出口的部门包括 10 个，其中总值出口和增加值出口差距比较明显的有 4 个部门，分别是电子和光学设备（C14）、化学品和化工产品（C9）、橡胶和塑料制品（C10）及基本金属和金属制品（C12）；②总值出口与增加值出口基本持平的部门包括 3 个，分别是纸浆、纸张、印刷和出版（C7）、焦炭、精炼石油及核燃料（C8）和其他制造业及回收业（C16）；③总值出口小于增加值出口的部门包括 2 个，分别是食品、饮料和烟草（C3）和交通运输设备（C15）（见图 6-6）。电子和光学设备（C14）部门增加值出口额占增加值出口总额的 31%，是我国对美出口的主要部门。2009 年，电子和光学设备（C14）总值出口为 1279 亿美元，增加值出口为 828 亿美元，总值统计口径高估出口规模约 35%，高估额为 451 亿美元。由此可见，在电子和光学设备部门，我国进口了大量零部件进行加工装配，总值出口额中的 65%由我国创造，其余 35%由他国创造。纺织业（C4）和皮革及其制品业（C5），两部门出口额约占增加值出口总额的 13%。2009 年，两部门增加值出口额为 340 亿美元，总值出口额为 390 亿美元，总值统计口径高估出口规模约

8.7%。这两部门增加值出口与总值出口的偏离较小,说明该部门出口价值主要由我国创造,生产的国际程度不高。机械及电气产品(C13),该部门出口占增加值总额的6.7%,2009年增加值出口额为176亿美元,总值出口额为212亿美元,总值统计口径高估出口规模约17%。化学品和化工产品(C9),该部门出口占增加值总额的2.2%,2009年,增加值出口为59亿美元,总值出口额为111亿美元,总值统计口径高估出口规模约47%。基本金属和金属制品(C12)和橡胶和塑料制品(C10),这两个部门的总值出口和增加值出口差距也较大,2009年基本金属和金属制品(C12)增加值出口为176亿美元,总值出口为212亿美元,总值统计口径高估出口规模约27%;同期,橡胶和塑料制品(C10)增加值出口为45亿美元,总值出口为91亿美元,总值统计口径高估出口规模约51%。

进口工业部门方面,仅对几个主要工业部门进行阐述(见图6-7)。电子和光学设备(C14),该部门进口额约占增加值进口总额的14%,2009年该部门自美国增加值进口额为106亿美元,总值进口额为243亿美元,总值进口高估进口规模57%。交通运输设备(C15)也是我国自美国进口的主要部门,该部门进口额占增加值进口总额的12%。2009年该部门自美国增加值进口额为90亿美元,总值进口额为102亿美元,总值高估进口规模12%。机械及电气产品(C13),该部门进口额占总额的12%,2009年该部门自美国增加值进口额93亿美元,总值进口额为89亿美元,总值进口小于增加值进口。

通过对中美工业部门增加值进出口贸易的分析,发现我国对美贸易特别是出口贸易的部门倾向性非常明显,电子和光学设备(C14)、纺织业(C4)和皮革及其制品业(C5)、机械及电气产品(C13)四个部门增加值出口额占增加值出口总额的50%。不仅如此,主要的出口工业部门都呈现增加值贸易与总值贸易偏离的状态,总值贸易普遍存在对贸易规模高估的情况。

(二)中日增加值贸易分析

总额方面,中日之间存在贸易失衡但并不严重。按增加值贸易口径计算,2009年中国对日增加值出口额为1021亿美元,增加值进口额为860亿美元,顺差为161亿美元(如图6-8所示)。中日总值贸易额与增加值贸易额存在

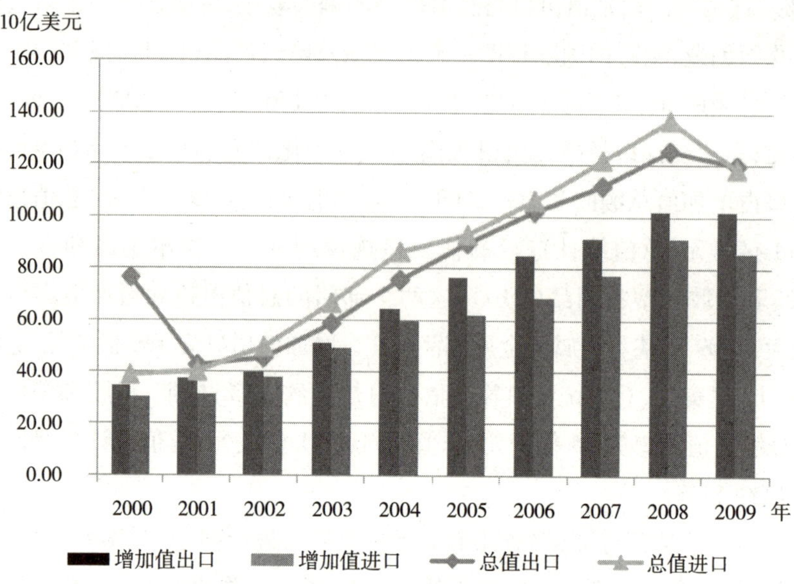

图 6-8　2000—2009 年中日总值贸易额与增加值贸易额对比

资料来源:根据世界投入产出表计算。

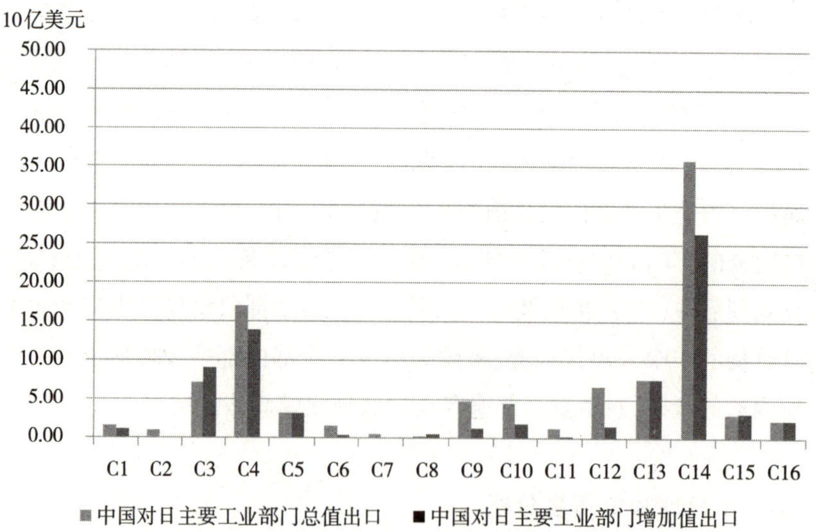

图 6-9　2009 年我国对日主要工业部门总值与增加值出口对比

资料来源:根据世界投入产出表计算。

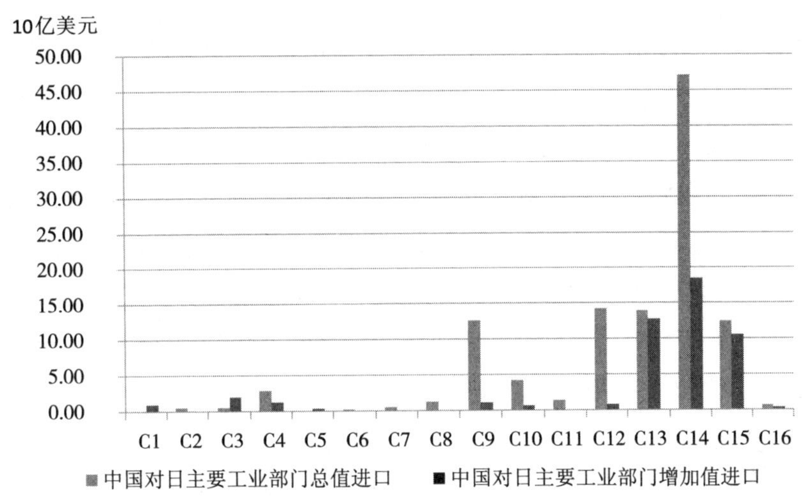

图 6-10　2009 年我国对日主要工业部门总值与增加值进口对比

资料来源:根据世界投入产出表计算。

一定差距。按总值统计口径,中国对日出口从 2000 年的 766 亿美元增长到 2009 年的 1198 亿美元,中国自日进口从 2000 年的 390 亿美元增长到 2009 年的 1186 亿美元;同期按增加值统计口径,中国对日出口从 348 亿美元增长到 1021 亿美元,中国自日进口从 303 亿美元增长到 860 亿美元,总值出口平均高估出口规模约 19%,总值进口平均高估进口规模约 30%。中国对日增加值出口小于对美增加值出口,自日增加值进口大于自美增加值进口,2009 年我国对日增加值出口约为对美国增加值出口的 39%,而我国自日本增加值进口是自美国增加值进口的 1. 15 倍。

出口工业部门方面,中国向日本出口的工业部门多数呈现总值出口大于增加值出口的状态,在 15 个工业部门中①总值出口大于增加值出口的部门约有 10 个,其中两者差距比较显著的有 4 个部门,分别是电子和光学设备(C14)、化学品和化工产品(C9)、橡胶和塑料制品(C10)、基本金属和金属制品(C12);②总值出口与增加值出口基本持平的部门约有 4 个,包括皮革及其制品业(C5)、机械及电气产品(C13)、交通运输设备(C15)、其他制造业及回收业(C16);③总值出口小于增加值出口的部门只有食品、饮料和烟草(C3)1 个部门(见图 6-9)。按各工业部门增加值出口贸易额由高到低的顺序依次加以说明。电子和光学设备(C14)占我国对日增加值出口总额的25.9%,2009年该部门增加值出口为265亿美元,总值出口为358亿美元,总值统计口径高估出口规模32%。纺织业(C4)出口占增加值总额的13.7%,2009年增加值出口为140亿美元,总值出口为170亿美元,总值统计口径高估出口18%。皮革及其制品业(C5)出口占增加值总额的3.1%,2009年增加值出口为32亿美元,总值出口为32.5亿美元,总值统计口径高估出口2%。机械及电气产品(C13)出口占增加值总额的7.4%,2009年增加值出口为75.6亿美元,总值出口为76.1亿美元,总值统计口径高估出口9%。交通运输设备(C15)出口占增加值总额的3.1%,2009年增加值出口约为31亿美元,总值出口约为32亿美元。橡胶和塑料制品(C10)对日出口占增加值总额的1.8%,2009年该部门总值出口为45亿美元,增加值出口为19亿美元,总值统计口径高估出口58%。基本金属和金属制品(C12)对日出口占增加值总额的1.6%,2009年该部门增加值出口为16亿美元,总值出口为67亿美元,总值统计口径高估出口76%。化学品和化工产品(C9)对日出口占增加值总额的1.3%,2009年该部门总值出口为48亿美元,增加值出口为13亿美元,总值统计口径高估出口73%。

进口工业部门方面,中国自日本进口的工业部门大部分呈现总值进口大于增加值进口的状态,在15个工业部门中①总值进口大于增加值进口的部门约有12个,其中总值进口明显大于增加值进口的部门有化学品和化工产品(C9)、基本金属和金属制品(C12)、电子和光学设备(C14);②总值进口与增加值进口持平的部门仅有其他制造业及回收业(C16);③总值进口小于增加值进口的部门约有2个,包括食品、饮料和烟草(C3)、皮革及其制品业(C5)(见图6-10)。按各工业部门增加值进口贸易额由高到低的顺序依次加以说明。电子和光学设备部门(C14)进口增加值占进口增加值总额的21.5%,2009年该部门增加值进口额为185亿美元,总值进口额为471亿美元,总值进口高估约60%。机械及电气产品(C13)是我国自日本进口的第二大部门,进口占增加值总额的14.87%,2009年增加值进口为128亿美元,总值进口为140亿美元,总值统计口径高估进口9%。交通运输设备(C15)进口额占增加值进口总额的12.35%,2009年该部门自日本增加值进口额为106亿美元,总值进口额为124亿美元,总值高估进口规模15%。基本金属和金属制品

(C12)和化学品和化工产品(C9)也占进口一定比例,并且存在进口额高估现象,2009 年基本金属和金属制品总值进口高估进口规模 94%,化学品和化工产品(C9)总值进口高估进口规模 90%。

(三)中韩增加值贸易分析

总额方面,中韩之间存在贸易失衡,我国对韩国存在较大贸易逆差,按增加值贸易口径计算,2009 年增加值出口为 381 亿美元,增加值进口为 626 亿美元,逆差达 245 亿美元之多(见图 6-11)。中韩总值贸易额与增加值贸易额存在较大差距,按总值统计口径,中国对韩出口从 2000 年的 155 亿美元增长到 2009 年的 643 亿美元,中国自韩进口从 2000 年的 250 亿美元增长到 2009 年的 987 亿美元;同期按增加值统计口径,中国对韩出口从 105 亿美元增长到 381 亿美元,中国自韩进口从 176 亿美元增长到 626 亿美元,总值出口平均高估出口规模约 63. 94%,总值进口平均高估进口规模约 62. 78%。中国对韩贸易规模小于对美和对日贸易规模,如 2009 年我国对韩增加值出口约是对美增加值出口的 14%及对日增加值出口的 37%;我国自韩增加值进口约是自美增加值进口的 84%及自日增加值进口的 73%。

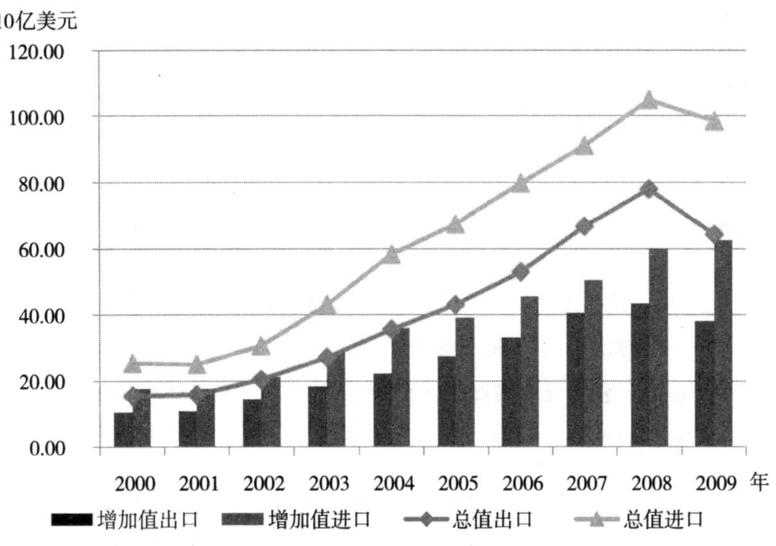

图 6-11　2000—2009 年中韩总值贸易额与增加值贸易额对比

资料来源:根据 WIOD 世界投入产出表计算。

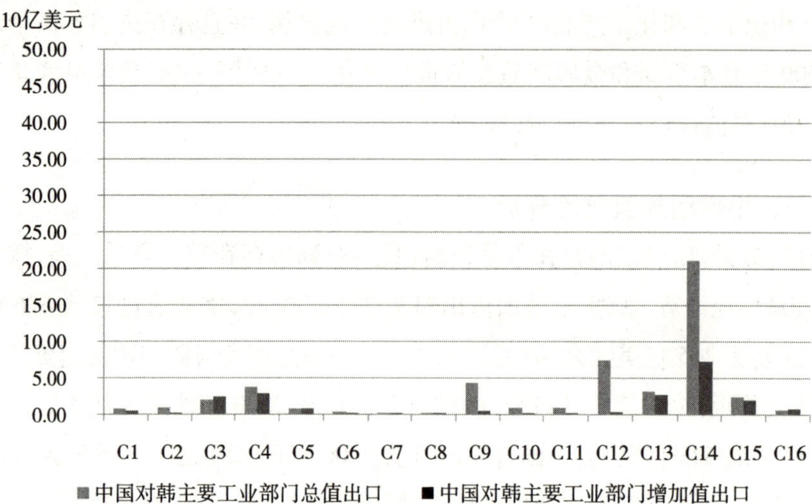

图 6-12　2009 年我国向韩国主要工业部门总值与增加值出口对比

资料来源:根据 WIOD 世界投入产出表计算。

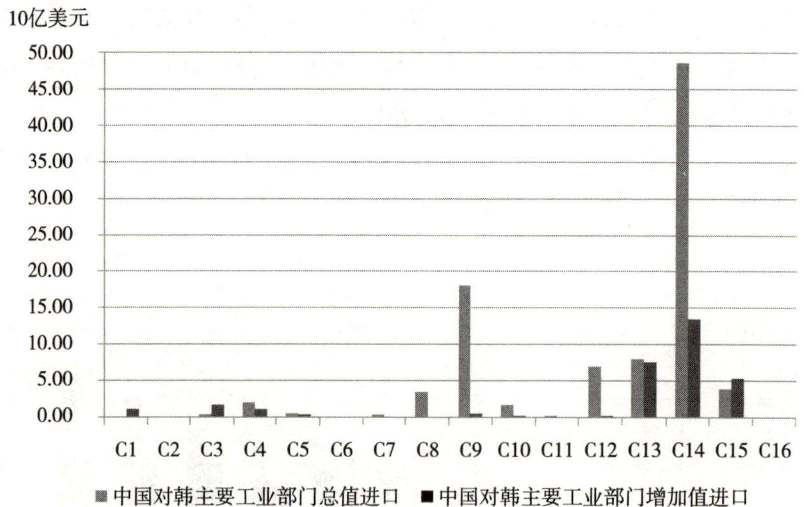

图 6-13　2009 年我国自韩国主要工业部门总值与增加值进口对比

资料来源:根据 WIOD 世界投入产出表计算。

出口工业部门分析,中国向韩国出口的工业部门多数体现为总值出口大于增加值出口的状态,在 15 个工业部门中①总值出口大于增加值出口部门约有 10 个,其中两者偏离比较大的分别有化学品和化工产品(C9)、橡胶和塑料制品(C10)、其他非金属矿产品(C11)、基本金属和金属制品(C12)、电子和光学设备(C14);②增加值与总值出口大体相等的部门约有3个,包括皮革及其制品业(C5)、纸浆、纸张、印刷和出版(C7)、焦炭、精炼石油及核燃料(C8);③总值出口小于增加值出口的部门有2个,包括食品、饮料和烟草(C3)和其他制造业及回收业(C16),这一点与美国和日本非常相似(见图6-12)。按各工业部门增加值出口贸易额由高到低的顺序依次加以说明。电子和光学设备(C14)出口增加值占出口增加值总额的18.97%,2009年该部门增加值出口额为72亿美元,总值出口额为211亿美元,总值出口高估约65%。纺织业(C4)出口增加值占出口增加值总额的7.39%,2009年该部门增加值出口额为28亿美元,总值出口额为37亿美元,总值出口高估约24%。机械及电气产品(C13)增加值出口占增加值出口总额的7.15%,2009年,增加值出口为27亿美元,总值出口为31亿美元,总值统计口径高估出口11%。交通运输设备(C15)出口占增加值总额的5.18%,2009年,增加值出口约为20亿美元,总值出口约为24亿美元,总值统计口径高估出口17%。化学品和化工产品(C9)总值口径高估出口约90%,基本金属和金属制品(C12)高估出口约95%。

进口工业部门分析,中国自韩国进口的工业部门多数体现为总值进口大于增加值进口的状态,在15个工业部门中①总值进口大于增加值出口的部门约有8个,其中总值进口明显大于增加值进口的部门有化学品和化工产品(C9)、橡胶和塑料制品(C10)、基本金属和金属制品(C12)、电子和光学设备(C14);②总值进口与增加值出口持平的部门有3个,包括皮革及其制品业(C5)、机械及电气产品(C13)、其他制造业及回收业(C16);③总值进口小于增加值出口的部门有4个,包括采掘业(C2)、食品、饮料和烟草(C3)、木材、木材产品和软木(C6)、交通运输设备(C15)(见图6-13)。按各工业部门增加值进口贸易额由高到低的顺序依次加以说明。电子和光学设备部门(C14)进口增加值占进口增加值总额的21.58%,2009年该部门增加值进口额为135亿美元,总值进口额为485亿美元,总值进口高估约72%。机械及电气产品(C13)进口占增加值总额的12.23%,2009年该部门增加值进口为77亿美元,总值进口为81亿美元,总值统计口径高估进口5.72%。交通运输设备(C15)进口占增加值进口总额的8.63%,2009年该部门自韩国增加值进口额为39

亿美元，总值进口额为54亿美元，总值进口小于增加值进口。

（四）我国对美日韩增加值贸易国别比较分析

根据增加值贸易口径分别分析的我国与美日韩贸易总量和部门分布，概括起来具有三个相同特点：

首先，我国对美日韩增加值贸易与总值贸易存在差异，增加值贸易额小于总值贸易额，我国与美日韩三国的贸易额都出现了“缩水”现象，这一点在中韩贸易上的表现尤其突出，增加值贸易与总值贸易的差距表明了中美日韩比较密切的国际分工合作关系。其次，我国对美日韩出口产品结构非常相似，并集中在几个部门，电子和光学设备（C14）位列第一，纺织业（C4）位列第二，机械及电气产品（C13）位列第三，这三个部门出口约占我国对美日韩三国增加值出口总额的50%，其中电子和光学设备（C14）占增加值出口总额的20%—30%。最后，我国自美日韩进口产品结构也非常相似，且都集中于几个部门，电子和光学设备（C14）进口额位居第一，交通运输设备（C15）位居第二，机械及电气产品（C13）位居第三，三个部门进口约占我国自美日韩增加值进口总额的40%。

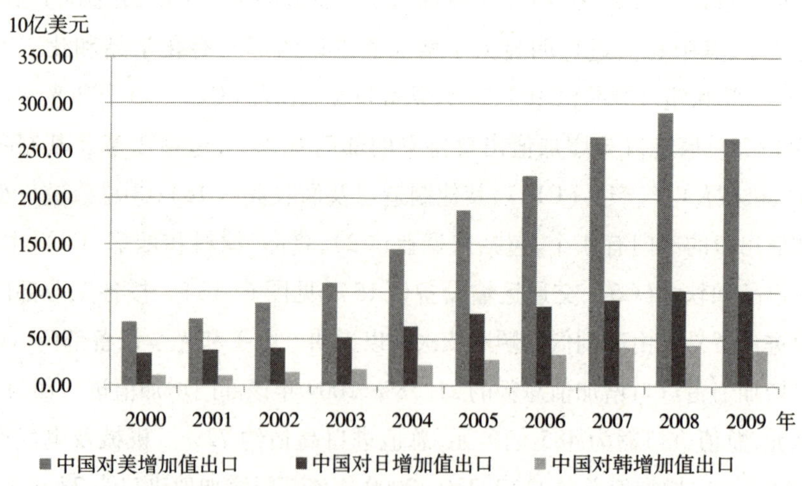

图6-14　2000—2009年中国对美日韩增加值出口对比

资料来源：根据WIOD世界投入产出表计算。

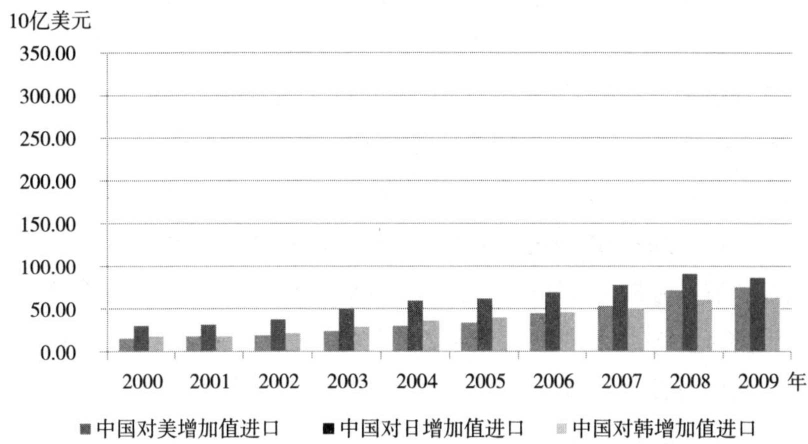

图 6-15　2000—2009 年中国自美日韩增加值进口额对比

资料来源：根据 WIOD 世界投入产出表计算。

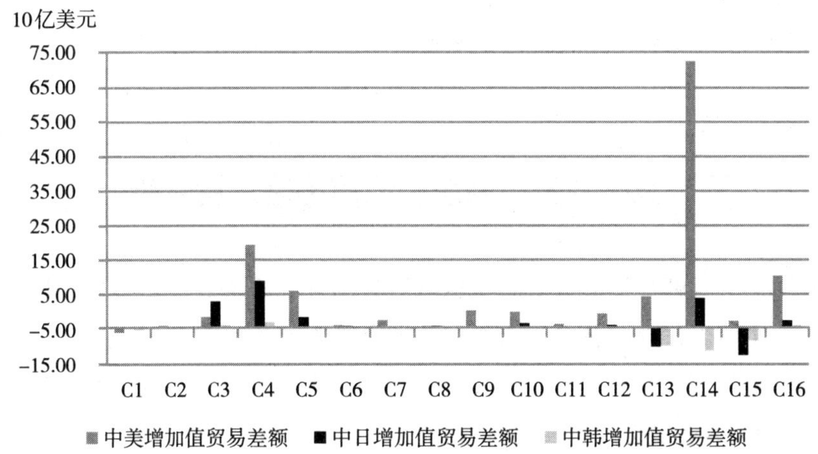

图 6-16　2009 年中国对美日韩主要工业部门增加值贸易差额①

资料来源：根据 WIOD 世界投入产出表计算。

我国与美日韩贸易总量和部门分布具有四个不同点：

首先，我国与美日韩贸易失衡的程度不同。在增加值贸易核算方式下，中美之间依然存在比较严重的贸易失衡，我国对美增加值出口远大于进口额；中

① 具体工业部门如表 6-2 所示。

日之间贸易失衡不大，增加值进出口贸易额大体相当；中韩之间存在贸易失衡，我国对韩国存在较大的贸易逆差。其次，增加值出口贸易规模方面，我国对美国增加值出口贸易规模非常大，远远超过了对日韩两国的增加值出口总额，2009 年我国对美增加值出口是对日本出口的 2—3 倍，是对韩国出口的约 5 倍（见图 6-14）。再次，增加值进口贸易规模方面，我国自日本增加值进口最多，自美韩两方的增加值进口基本持平（见图 6-15）。最后，在具体工业部门的增加值贸易差额上，2009 年我国对美国主要工业部门都显示顺差，电子和光学设备（C14）最多，顺差达 720 亿美元，其次为纺织业（C4），顺差为 224 亿美元。我国对日本大部分工业部门显示顺差，纺织业（C4）顺差最多，达 127 亿美元，电子和光学设备（C14）顺差为 80 亿美元；机械及电气产品部门（C13）逆差为 52 亿美元，交通运输设备（C15）逆差为 74 亿美元。我国对韩国多数部门呈现为顺差，5 个部门呈现为逆差，电子和光学设备（C14）逆差为 63 亿美元，机械及电气产品（C13）逆差为 50 亿美元，交通运输设备（C15）逆差达 34 亿美元，对韩贸易顺差部门主要是纺织业（C4），顺差为 16 亿美元（见图 6-16）。

三、我国对美日韩增加值贸易含污量分析

我国对美日韩增加值贸易额与总值贸易额存在不同程度的差距，特别是我国工业主要出口部门普遍存在增加值贸易额对总值贸易额的偏离。因此，在计算以贸易额为基础的贸易含污量时，为准确测算贸易含污量，就要使用增加值贸易额，而不能使用总值贸易额。

笔者将计算中美日韩四国的完全排放系数，进而结合增加值贸易额，得到增加值贸易含污总量以及各工业部门增加值贸易含污量。

（一）中美日韩完全排放系数及差异分析

根据式（6.7）计算出中美日韩四国完全排放系数，如表 6-3，该系数是指单位产出中硫氧化物的完全排放量。

四国完全排放系数从高到低依次为中国、韩国、美国、日本。2000 年我国

各工业部门完全排放系数是韩国的4—7倍，是美国的4—14倍，是日本的23—56倍；2000年以后各国完全排放系数都有所下降，我国虽降幅比较大，但仍旧比较高，2009年我国各工业部门排放系数是韩国的2—7倍，是美国的2—17倍，是日本的7—53倍。我国与美日韩三国完全排放系数的差距体现了能源消费结构和能源使用效率上的国别差异。

从能源消费结构上来看（见图6-17），我国能源消费主要依赖于煤炭，煤炭消费约占70%，石油约占20%，天然气约占3%，核能、氢能约占7%；美国能源结构中，煤炭约占25%，石油约占38%，天然气约占26%，核能、氢能约占10%；日本能源消费结构中，石油约占43%，天然气17%，煤炭25%，核能、氢能占17%；韩国能源消费结构中，石油约占44%，天然气13%，煤炭29%，核能、氢能占14%①。与石油、天然气等能源相比，煤炭的含硫量、烟粉尘量都比较高，我国严重依赖煤炭的能源结构是我国完全排放系数较高的一个重要原因。

从能源使用效率上看，中美日韩四国中日本的能源使用效率最高，日本和韩国的能源消费结构类似，虽然日本的能源消费总量是韩国的1.8倍，但日本的完全排放系数却远低于韩国，污染排放总量也小于韩国，这就体现了日本在能源使用效率上的优势。

通过中美日韩完全排放系数的对比，发现我国能源消费结构不尽合理、能源使用效率不高，我国生产的清洁程度与美日韩存在不小的差距。

表6-3　2000—2009年中美日韩硫氧化物完全排放系数对比

（单位：吨/百万美元）

部门编号	2000年				2005年				2009年			
	中	美	日	韩	中	美	日	韩	中	美	日	韩
C1	7.39	2.00	0.23	1.65	41.92	1.29	0.24	12.34	24.42	0.94	0.26	10.64
C2	21.57	1.87	0.58	3.05	10.00	1.10	0.57	4.29	7.49	0.48	0.70	2.59
C3	9.47	1.95	0.25	2.07	20.76	1.37	0.24	5.40	12.72	0.96	0.24	4.86
C4	10.99	1.78	0.30	3.07	12.74	1.30	0.32	1.80	8.34	0.89	0.26	1.50

① 资料来源于历年《BP世界能源统计年鉴》。

续表

部门编号	2000年				2005年				2009年			
	中	美	日	韩	中	美	日	韩	中	美	日	韩
C5	8.29	1.29	0.24	2.11	12.66	0.89	0.20	1.74	8.16	0.45	0.23	1.60
C6	12.74	2.10	0.32	2.74	13.24	1.28	0.30	2.46	8.83	1.13	0.34	3.08
C7	17.00	2.07	0.44	3.74	11.09	1.44	0.38	1.68	7.28	1.13	0.40	1.21
C8	28.27	7.96	1.21	4.87	8.29	3.34	0.83	0.83	6.79	3.24	0.99	0.94
C9	26.49	4.53	0.98	4.70	11.74	3.14	0.90	1.36	9.84	2.22	0.93	1.44
C10	16.94	2.08	0.45	3.25	9.51	1.36	0.39	1.12	7.45	1.06	0.44	1.13
C11	30.55	3.95	0.74	7.47	15.29	3.50	0.79	2.58	15.39	3.31	1.00	3.07
C12	29.11	2.79	0.97	7.45	11.63	1.81	0.80	1.86	8.80	1.30	0.89	1.86
C13	16.22	1.16	0.29	2.57	7.21	0.72	0.26	0.86	5.82	0.50	0.29	0.84
C14	12.22	0.95	0.26	1.59	5.21	0.45	0.24	0.69	4.72	0.28	0.29	0.71
C15	14.79	1.05	0.33	2.52	6.24	0.69	0.57	0.89	4.98	0.51	0.34	0.81
C16	11.93	1.13	0.31	2.73	8.79	0.70	0.24	1.11	5.95	0.51	0.34	1.11

资料来源：根据 WIOD 世界投入产出表和污染数据计算。

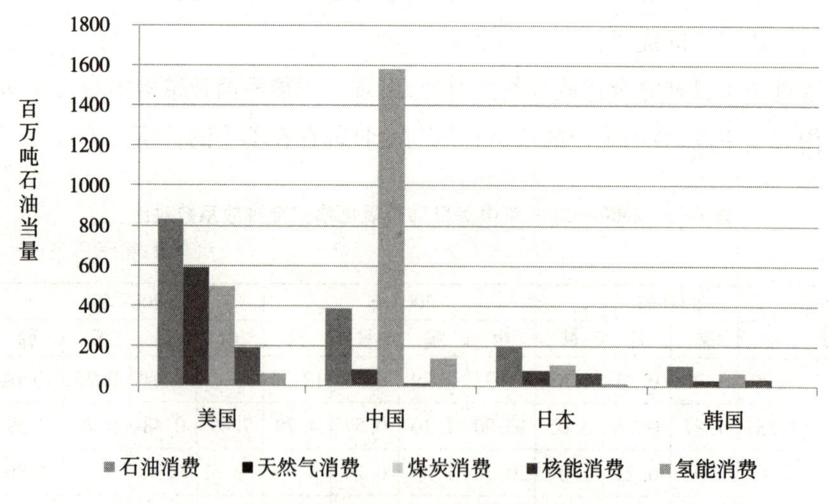

图 6-17　2009 年中美日韩能源消费对比

资料来源：根据《BP 世界能源统计年鉴》整理。

（二）我国对美日韩增加值贸易含污总量和净含污量变化

根据式(6.9)、(6.11)和(6.13)，基于完全排放系数和我国对美日韩增加值贸易数据，测算我国对美日韩增加值出口含污总量、增加值进口含污总量以及净含污量①。

表 6-4　2000—2009 年我国对美日韩增加值进出口含污总量及净含污量——硫氧化物②

（单位：万吨）

含污量	年	2000	2001	2002	2003	2004	2005	2006	2007	2008	2009
增加值出口含污总量	美	93. 72	88. 36	98. 28	121. 03	128. 69	153. 32	165. 74	164. 52	171. 65	155. 40
	日	48. 05	46. 84	46. 49	58. 71	66. 82	76. 53	80. 08	72. 24	69. 88	70. 87
	韩	14. 24	14. 64	17. 77	21. 43	22. 44	25. 78	28. 36	29. 73	28. 68	24. 42
增加值进口含污总量（减排量）	美	2. 23	2. 58	2. 37	2. 65	2. 93	3. 10	3. 32	3. 90	4. 29	4. 46
	日	0. 99	1. 21	1. 53	1. 75	1. 89	1. 90	2. 20	2. 48	2. 53	2. 63
	韩	4. 57	4. 96	5. 13	4. 74	6. 23	5. 62	5. 38	5. 64	6. 26	7. 61
净含污量	美	91. 49	85. 78	95. 92	118. 39	125. 75	150. 22	162. 42	160. 62	167. 36	150. 93
	日	47. 06	45. 64	44. 96	56. 96	64. 93	74. 62	77. 88	69. 76	67. 34	68. 24
	韩	9. 66	9. 68	12. 63	16. 68	16. 21	20. 16	22. 99	24. 09	22. 42	16. 81

资料来源：根据 WIOD 世界投入产出表和污染数据计算。

出口含污方面，2000—2009 年间我国对美国出口含污最大，对日本次之，对韩国最小，我国对美日韩三国出口含污总量具有相似的变动趋势（见表 6-4），具体来讲①对美国出口含污总量从 2000 年的 93. 72 万吨增加到 2006 年的 165. 74 万吨，之后又下降到 2009 年的 155. 40 万吨；②对日本出口含污总量从 2000 年的 48. 05 万吨增加到 2006 年的 80. 08 万吨，后又降至 2009 年的 70. 87 万吨，对日出口含污总量约是对美出口含污总量的 50%；③对韩国出口含污总量从 2000 年的 14. 24 万吨上升到 2007 年的 29. 73 万吨，又降至 2009 年的 24. 42 万吨，对韩出口含污总量约是对美出口含污总量的 17%。

---

① 本章所指含污总量、工业部门含污量、净含污量等均分别指增加值含污总量、工业部门增加值含污量、增加值净含污量。

② 表 6-4 中出口含污总量指我国对美日韩增加值出口含污总量，进口含污总量为自美日韩增加值进口含污总量。

进口含污方面，进口含污量是我国污染减排量，2000—2009 年间这一减排量非常少，我国自三国进口的减排总量仅仅是出口排放总量的 4%—6%；从三国增加值进口含污总量对比来看，我国自韩国进口含污最大，美国次之，日本最小，具体来讲①自美国进口含污量从 2000 年的 2. 23 万吨上升到 2009 年的 4. 46 万吨；②自日本进口含污量同期从 0. 99 万吨上升到 2. 63 万吨；③自韩国进口含污量同期从 4. 57 万吨上升到 7. 61 万吨。

净含污量方面，由于出口含污量和进口含污量的巨大差距，我国对三国贸易净含污为正，并且出口含污的上升直接导致净含污的上升，2000—2009 年间我国对美贸易净含污从 91. 49 万吨上升到 150. 93 万吨，同期对日贸易净含污从 47. 06 万吨上升到 68. 24 万吨，对韩贸易净含污亦从 9. 66 万吨上升到 16. 81 万吨。

需要再次说明，进出口含污量和所承受环境污染的关系，因为出口产品产生的污染物排放在我国境内，因此不断增长的出口含污意味着我国负担的环境污染压力日益沉重；相反我国进口产品在他国境内生产，因此进口含污属于我国的减排量，亦即我国因进口减少了污染排放，减轻了环境负担；出口含污和进口含污两者相抵后属于我国真正负担的环境成本，由于我国出口含污远高于进口减排量，因此我国为进出口贸易负担了大量的环境成本，2000—2009 年间我国累计承担的污染排放达 2098 万吨之多。

根据式(6.8)-(6.11)的意义，含污量主要取决于贸易规模和完全排放系数，因此我国净含污为正，一方面在于我国与美日韩三国增加值出口和增加值进口的差距，另一方面在于我国与美日韩三国完全排放系数的差距。

第一，我国与美日韩增加值进出口的差距，按增加值统计口径，我国对美顺差从 2000 年的 523 亿美元增长到 2009 年的 1888 亿美元；类似地同期对日顺差从 2000 年的 45 亿美元增长到 2009 年的 101 亿美元，增加值进出口差距是导致我国净含污量较大的直接原因。

第二，我国与美日韩完全排放系数的差距，因为我国出口含污量计算使用本国完全排放系数，进口含污量计算使用外国完全排放系数，我国排放系数远远高于美日韩，这就在贸易差距的基础上进一步拉开了进出口含污的距离。完全排放系数的作用在我国对日增加值进口上表现非常明显，日本的完全排放系数非常低，约为美国的1/2以及韩国的1/3，虽然我国从日本增加值进口是从美韩两国进口的近2倍，但进口含污却远低于美韩，分别是美国的60%和韩国的34%。

这里还特别需要注意一个现象，即净出口含污与净出口贸易额的增长不同步性，我国对美日韩净出口额增长了2—3倍，但是净出口含污却仅增长了1.5—1.7倍，这种增长的不同步性是由于完全排放系数下降对贸易含污量的拉低作用。

综上两方面因素，我国较高的完全排放系数以及庞大的出口贸易规模共同导致了我国所承担的净含污量比较大。

（三）我国对美日韩单位产品含污及贸易污染条件的变化

贸易规模对进出口含污总量有重要影响，这里排除掉贸易规模因素，重点比较单位进出口产品含污量，并根据Antweiler提出的贸易污染条件（Pollution Term of Trade，简称为PTT）①，计算我国的贸易污染条件，PTT是单位出口产品含污与单位进口产品含污的比值（见表6-5）。

表6-5　2000—2009年对美日韩单位进出口含污与贸易污染条件（PTT）

（单位：万吨）

	年	2000	2001	2002	2003	2004	2005	2006	2007	2008	2009
单位出口含污	对美	0.1381	0.1239	0.1118	0.1101	0.0885	0.0823	0.0740	0.0621	0.0591	0.0590
	对日	0.1381	0.1251	0.1170	0.1150	0.1042	0.0999	0.0942	0.0787	0.0687	0.0694
	对韩	0.1353	0.1327	0.1231	0.1174	0.1009	0.0942	0.0859	0.0730	0.0661	0.0640
单位进口含污	自美	0.0143	0.0140	0.0124	0.0111	0.0099	0.0091	0.0075	0.0073	0.0060	0.0060
	自日	0.0033	0.0039	0.0040	0.0035	0.0032	0.0031	0.0032	0.0032	0.0028	0.0031
	自韩	0.0259	0.0282	0.0241	0.0166	0.0174	0.0143	0.0118	0.0112	0.0104	0.0122
贸易污染条件	中美	9.69	8.86	9.04	9.88	8.91	9.06	9.83	8.54	9.82	9.87
	中日	42.21	32.25	29.01	32.46	32.95	32.60	29.38	24.56	24.79	22.69
	中韩	5.22	4.71	5.10	7.07	5.81	6.58	7.27	6.53	6.34	5.27

资料来源：根据增加值贸易额以及增加值贸易含污计算。

① Antweiler，W.，"The Pollution Terms of Trade"，*Economic Systems Research*，1996，8（4）.

单位出口含污量方面,2000—2009 年单位出口产品含污量显著下降。①对美单位出口产品含污量从 2000 年 0.1381 万吨下降到 2009 年的 0.059 万吨;②对日单位出口产品含污量,同期从 0.1381 万吨下降到 0.0694 万吨;③对韩单位出口产品含污量,同期从 0.1353 万吨下降到 0.064 万吨。从三国对比来看,我国对日单位出口含污略高于对美韩单位产品出口含污。因为单位出口产品含污排除了贸易规模因素,因此它的下降反映我国完全排放系数的下降。

单位进口含污量方面,2000—2009 年单位进口产品含污量也呈现比较明显的下降态势。①自美单位进口产品含污量从 2000 年的 0.0143 万吨下降到 2009 年的 0.006 万吨;②自韩单位进口产品含污量,同期从 0.0259 万吨下降到 0.0122 万吨;③自日单位进口产品含污量基本未变,由于日本完全排放系数的基数非常小,因此进口含污量下降趋势并不明显。从单位产品进口含污对比来看,来自韩国的进口产品单位含污最多,其次为美国,最后为日本。

我国对美日韩贸易污染条件方面,我国对三国的贸易污染条件(PTT)较高,不容乐观。2000—2009 年我国与美国贸易的污染条件在 8.54—9.88 之间波动,与韩国贸易的污染条件在 4.71—7.27 间波动;我国对日本贸易条件有所改善,从 2000 年的 42.21 下降到 2009 年的 22.69。PTT 是每单位出口产品污染含量与每单位进口产品污染含量的比值。由于单位出口产品含污大于单位进口含污,我国对三国的 PTT 都大于 1,贸易污染条件排除掉了贸易规模因素,这就再次说明了我国清洁生产技术落后、能源使用效率低下以及能源消费结构上存在的问题。

(四)我国对美日韩增加值贸易含污量的工业部门分布

根据式(6.8)、(6.10)和(6.12),测算我国各工业部门对美日韩增加值出口含污量、增加值进口含污量以及净含污量。如表 6-6 所示,在污染的工业部门分布上,依然呈现出口含污高于进口含污的状态,由于进口含污量相对很小,所以出口含污与净含污量的部门分布具有相似特征,下文仅对各工业部门净含污量加以说明。

对美贸易净含污量工业部门分布方面,电子和光学设备(C14)部门对美贸易的净含污特别突出，2009 年该部门净含污为 38.75 万吨，占对美工业品贸易净含污总量的 32.58%，位居各工业部门对美贸易净含污之首（见图 6-18）。纺织业（C4）和皮革及其制品业（C5）部门，2009 年两部门对美贸易净含污为 28.09 万吨，占对美工业品贸易净含污总量的 23.91%。食品、饮料和烟草（C3）部门，2009 年该部门对美贸易净含污量为 10.31 万吨，占对美工业品贸易净含污总量的 8.77%。机械及电气产品（C13）部门，2009 年该部门对美贸易净含污量为 9.78 万吨，占对美工业品贸易净含污总量的 8.32%。化学品和化工产品（C9）和其他制造业及回收业（C16）这两个部门的净含污量也较大，两者合计占对美工业品贸易净含污总量的 12.04%。

对日贸易净含污量的工业部门分布方面，电子和光学设备（C14）部门，2009 年该部门对日贸易净含污为 11.94 万吨，占对日工业品贸易净含污总量的 24.23%。纺织业（C4）和皮革及其制品业（C5）部门，2009 年这两部门对日贸易净含污量为 14.22 万吨，占对日工业品贸易净含污总量的 28.87%。食品、饮料和烟草（C3）部门，2009 年该部门对日贸易净含污量为 11.46 万吨，占对日工业品贸易净含污总量的 23.59%。机械及电气产品（C13）部门，2009 年该部门对日贸易净含污量为 4.03 万吨，占总量的 8.18%。化学品和化工产品（C9）和其他制造业及回收业（C16）这两个部门的净含污量也较大，两者合计占对日工业品贸易净含污总量的 5.18%。

表 6-6　2009 年我国主要工业部门对美日韩贸易含污量——硫氧化物

（单位：万吨）

部门编号	出口含污			进口含污（进口减排）			净含污		
	中美	中日	中韩	中美	中日	中韩	中美	中日	中韩
C1	1.96	2.84	1.26	0.19	0.03	1.18	1.77	2.81	0.09
C2	0.46	0.05	0.01	0.00	0.01	0.01	0.46	0.04	0.01
C3	10.86	11.51	3.06	0.55	0.05	0.86	10.31	11.46	2.20
C4	19.64	11.65	2.35	0.10	0.03	0.18	19.54	11.62	2.17
C5	8.57	2.61	0.61	0.02	0.01	0.08	8.55	2.60	0.54
C6	0.56	0.37	0.03	0.00	0.00	0.01	0.56	0.37	0.02
C7	1.60	0.10	0.07	0.02	0.00	0.01	1.58	0.09	0.06
C8	0.32	0.34	0.09	0.02	0.01	0.01	0.30	0.33	0.09

续表

部门编号	出口含污			进口含污(进口减排)			净含污		
	中美	中日	中韩	中美	中日	中韩	中美	中日	中韩
C9	5.82	1.30	0.41	0.28	0.11	0.09	5.54	1.19	0.32
C10	3.36	1.40	0.14	0.03	0.03	0.04	3.33	1.37	0.10
C11	1.52	0.30	0.07	0.01	0.01	0.01	1.51	0.30	0.07
C12	3.85	1.40	0.25	0.09	0.08	0.06	3.77	1.32	0.19
C13	10.25	4.40	1.59	0.46	0.37	0.64	9.78	4.03	0.95
C14	39.05	12.48	3.41	0.30	0.54	0.96	38.75	11.94	2.45
C15	5.37	1.59	0.98	0.46	0.36	0.44	4.91	1.23	0.54
C16	8.63	1.38	0.42	0.03	0.02	0.02	8.61	1.36	0.40
C2—C16	119.86	50.88	13.49	2.37	1.63	3.42	117.5	49.25	10.11
C17—C35	33.57	17.15	9.66	1.89	0.98	3.04	31.68	16.17	6.62
总计	155.40	70.87	24.42	4.46	2.63	7.61	150.93	68.24	16.81

资料来源:根据 WIOD 世界投入产出表和污染数据计算。

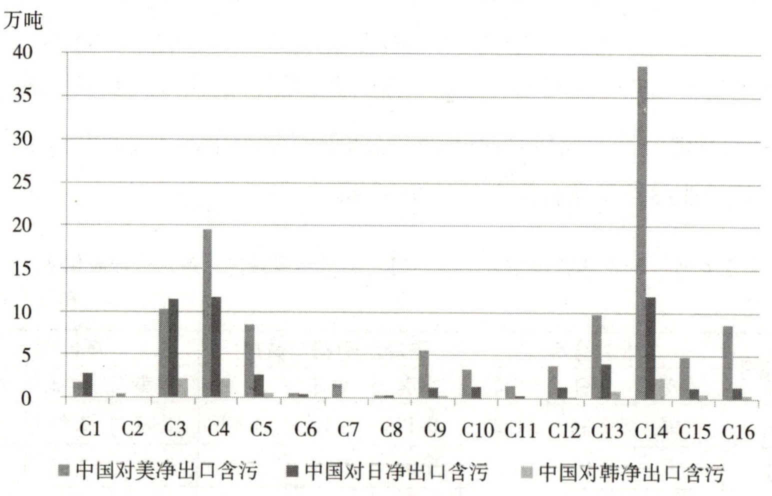

图 6-18 2009 年我国主要工业部门对美日韩净出口含污对比

资料来源:根据 WIOD 世界投入产出表和污染数据计算。

对韩贸易净含污量的工业部门分布方面,电子和光学设备(C14)部门对韩贸易净含污量特别突出,该部门对韩贸易净含污量为 2.45 万吨,占对韩工业品贸易净含污总量的 24.23%。纺织业(C4)和皮革及其制品业

(C5)部门,2009年两部门对韩贸易净含污量为2.71万吨,占对韩工业品贸易净含污总量的26.81%。食品、饮料和烟草(C3)部门,2009年该部门对韩贸易净含污量为2.20万吨,占对韩工业品贸易净含污总量的21.76%。机械及电气产品(C13)部门,2009年该部门对韩贸易净含污量为0.95万吨,占总量的9.40%。化学品和化工产品(C9)和其他制造业及回收业(C16)这两个部门的净含污量也较大,两者合计占对韩工业品贸易净含污总量的7.12%。

(五)我国对美日韩增加值贸易含污的国别比较分析

我国对美日韩增加值贸易净含污总量为正,说明我国因对美日韩贸易而承担了环境成本,从总量变动趋势来看,这种环境成本还在逐年增大,因此我国环境因国际贸易而承受压力也日益增大。我国对美日韩三国增加值贸易含污量较大的工业部门分布基本一致,净含污量从高到低依次是电子和光学设备(C14)、纺织业(C4)、食品、饮料和烟草(C3)、机械及电气产品(C13)、化学品和化工产品(C9)以及其他制造业及回收业(C16)。净含污量较大部门与贸易规模较大部门基本一致,电子和光学设备(C14)部门占我国增加值出口贸易总额的30%,该部门净出口含污也约占出口含污总额的30%,纺织业(C4)、机械及电气产品(C13)、食品、饮料和烟草(C3)等部门也呈现相同的特点。

当然,我国对美日韩贸易含污总量也不尽相同,从总量来看,我国对美含污总量最多,其次为对日,最后为对韩。我国对美日韩贸易的贸易污染条件(PTT)变动趋势呈现波动性,我国对日污染贸易条件在好转,对美国和韩国的贸易污染条件有恶化趋势,美韩两国因对外贸易向我国转移污染的趋势在增强。

四、我国与美日韩增加值贸易含污量的影响因素分析

根据表6-4显示的我国与美日韩增加值贸易含污总量的计算结果,对含污增量进行跨年度分解,因素分解的结果正数代表促进污染排放,负数代表抑

制污染排放，数值绝对值大小表明作用的强弱，几个因素之和代表总效应，总效应与污染增量相等。

（一）增加值出口含污因素分解

我国对美日韩各国出口含污因素详细结果(见表6-7)，技术进步、贸易规模和贸易结构三个因素在美日韩三国的表现上基本类似。

增加值出口隐含污染因素分解结果具有三个特点：

第一，我国技术进步因素(我国完全排放系数因素)多数年份为负数，是污染减排的最重要因素，在2003—2004年和2006—2007年两个时期，它的减排作用最为突出，如它使得2007年出口污染较2006年减少了43万吨，超过了同期贸易规模的作用。

第二，我国增加值出口规模因素除2008—2009年间外，一直为正且绝对值较大，是促使出口污染排放增加的主要因素，在2003—2004年，出口贸易规模扩张使得出口污染排放增加了53万吨。

第三，我国增加值出口贸易结构因素基本为负，同排放系数一样，也是污染减排的因素，但贸易结构分解出的数值较小，对出口污染减排的作用有限。技术进步、贸易规模和贸易结构三个因素之和为总效应，由于出口贸易规模因素对出口污染的促进作用超过了排放系数和出口结构因素的减排作用，因此大多数年份里我国出口隐含污染为正。

表6-7 2000—2009年中国对美日韩增加值出口含污增量因素分解——硫氧化物

（单位：万吨）

	时期跨度(年)	01—00	02—01	03—02	04—03	05—04	06—05	07—06	08—07	09—08
对美	出口含污增量	-5.36	9.93	22.75	7.65	24.63	12.42	-1.22	7.13	-16.25
	我国技术进步	-8.91	-6.24	-0.93	-26.43	-9.71	-13.93	-26.48	-6.81	1.25
	出口结构	-0.96	-3.32	-0.70	-0.44	-0.35	-3.07	-2.48	-1.52	-1.44
	出口规模	4.50	19.48	24.38	34.53	34.69	29.42	27.74	15.46	-16.07
对日	出口含污增量	-1.21	-0.35	12.22	8.11	9.71	3.55	-7.84	-2.36	0.99
	我国技术进步	-4.48	-2.96	-0.45	-4.54	-1.46	-3.57	-11.85	-7.51	0.14
	出口结构	-0.24	-0.14	-0.44	-1.28	-1.58	-1.02	-1.82	-2.12	0.60
	出口规模	3.50	2.75	13.11	13.93	12.75	8.15	5.83	7.26	0.24

续表

	时期跨度(年)	01—00	02—01	03—02	04—03	05—04	06—05	07—06	08—07	09—08
对韩	出口含污增量	0.41	3.12	3.66	1.01	3.35	2.58	1.37	-1.05	-4.26
	我国技术进步	-1.40	-1.11	-0.22	-3.18	-1.40	-1.80	-4.72	-2.19	0.00
	出口结构	1.13	-0.12	-0.69	-0.07	-0.22	-0.69	-0.02	-0.67	-0.85
	出口规模	0.67	4.35	4.57	4.26	4.97	5.07	6.10	1.81	-3.41

资料来源:根据中美日韩增加值出口含污计算。

(二)增加值进口含污因素分解

我国自美日韩三国增加值进口含污因素分解结果见表6-8。除2000—2001年和2008—2009年两时期外,外国技术进步因素始终为负,是促使进口含污减少的主要因素,在2002—2003年间,由于该因素的作用使得进口污染减少2.11万吨。我国增加值进口规模是使得进口污染增加的因素,以2008年为例,由于当年进口规模的扩张,它使得进口隐含污染上升了2.47万吨。我国增加值进口结构因素多数年份为负,但数值较小,所以它对进口隐含污染减排作用不大。在大多数年份中,进口规模因素基本超过了排放系数和进口结构因素的作用,因此进口总效应为正。

表6-8　2000—2009年中国自美日韩增加值进口含污增量因素分解——硫氧化物

(单位:万吨)

	时期跨度(年)	01—00	02—01	03—02	04—03	05—04	06—05	07—06	08—07	09—08
自美	进口含污增量	0.35	-0.21	0.28	0.29	0.17	0.22	0.58	0.39	0.17
	美国技术进步	-0.02	-0.37	-0.18	-0.33	-0.19	-0.49	-0.17	-0.56	-0.10
	进口结构	1.29	0.06	-0.08	0.02	-0.07	-0.12	0.05	-0.09	-0.07
	进口规模	-0.92	0.09	0.54	0.60	0.44	0.82	0.70	1.03	0.34
自日	进口含污增量	0.21	0.33	0.22	0.14	0.01	0.30	0.28	0.06	0.09
	日本技术进步	0.16	0.07	-0.17	-0.22	-0.04	0.12	0.02	-0.36	0.26
	进口结构	0.02	-0.01	-0.04	0.02	-0.02	-0.03	-0.03	0.01	-0.01
	进口规模	0.03	0.27	0.43	0.35	0.07	0.21	0.28	0.41	-0.16
自韩	进口含污增量	0.39	0.17	-0.39	1.48	-0.60	-0.25	0.26	0.62	1.35
	韩国技术进步	0.44	-0.62	-1.76	0.23	-0.97	-0.70	-0.40	-0.19	1.39
	进口结构	-0.04	-0.16	-0.08	0.08	-0.16	-0.37	0.10	-0.21	-0.33
	进口规模	-0.01	0.95	1.45	1.18	0.53	0.82	0.56	1.02	0.29

资料来源:根据中美日韩增加值进口含污计算。

本章基于增加值贸易核算方法，利用非竞争型世界投入产出表，计算了2000—2009年中国与美日韩增加值贸易额，在此基础上研究中国对美日韩三国贸易含污量以及影响含污量的因素。

首先，从贸易层面上讲，增加值贸易计算口径排除了进出口贸易重复计算部分，它不仅能避免对外贸易额“高估”，真正反映对外贸易的实际情况，而且能体现一国在国际价值链分工体系中的地位和作用。经过测算发现我国对三国的增加值贸易额与总值贸易额存在不同程度的差距，在我国对外贸易总额中蕴含了一定比例的他国价值成分，我国对外贸易额存在“缩水”现象，这体现了我国日益融入到国际生产体系中，并且与美日韩间存在比较密切的国际分工合作关系。虽然增加值贸易额与总值贸易额存在一定差距，但基本未改变贸易格局，在增加值贸易统计口径下，我国对美依然存在巨额贸易顺差，对日韩也存在一定程度贸易失衡。

其次，从污染层面上讲，我们基于增加值贸易额计算我国贸易隐含的污染排放量。结果表明：第一，增加值含污总量方面，我国增加值出口含污总量远远大于增加值进口含污总量，我国为美日韩贸易负担了较大的环境成本，这种环境成本不仅体现了我国在国际贸易交换和国际分工中的地位，而且也凸显了我国在清洁生产技术上与发达国家的差距；第二，单位产品含污量方面，单位产品出口含污量远高于单位进口含污量，体现在中日之间尤其明显，我国贸易污染条件不容乐观；第三，在贸易含污量的工业部门分布上，依旧发现贸易规模对含污量的作用，即便一些工业部门（如电子和光学设备以及纺织业）的完全排放系数较低，但由于贸易规模的拉动，使得很多工业部门的出口含污量依然较高；第四，利用因素分析方法进一步发现，技术进步起抑制污染排放作用，贸易规模因素起促进污染排放作用，贸易结构变化因素尚不明显，但是由于目前我国技术进步因素的污染减排作用还小于贸易规模带来的污染排放作用，因此我国对外贸易净含污量为正。

第七章　结论与政策建议

自改革开放以来，我国经济贸易飞速发展，取得举世瞩目的成就，但与此同时环境质量日益恶化，其中对外贸易特别是出口贸易的快速扩张不可避免地加剧了我国能源消耗和污染排放。

一、结　论

首先，对外贸易和污染的一般均衡模型认为影响污染排放的因素内生于国际贸易。笔者利用我国经济贸易和污染排放数据，构建面板数据回归模型，发现我国对外贸易对环境污染的规模、结构以及技术等效应方面具有不同的特点。

规模效应方面，我国由对外贸易而引致的经济规模扩张是推动环境污染的一个重要因素。无论从省级还是工业行业数据来看规模效应都使得污染排放增多。特别在省级面板数据回归中，规模效应对污染排放增加的作用尤其突出，分别超过了技术效应和结构效应。在对外贸易发达的东部地区，规模效应体现非常明显，超过了全国平均水平。

结构效应方面，目前资本劳动比的上升促进了污染排放。资本劳动比的上升，显示了我国产业结构向资本密集型发展的态势，资本密集型产业的增多促进了污染排放。结构效应的作用程度和规模效应的作用程度接近。

技术效应方面，对外贸易引致的技术进步因素是污染减排的重要力量，这在省级和工业行业面板数据分析中都得到了印证。尤其是对外贸易发达的东部地区的技术效应污染减排作用突出，高于全国平均水平。

贸易壁垒效应方面,贸易壁垒的下降从短期来看会使得污染排放增多,但从中长期来看会使得污染排放减少。因此贸易自由化从长期看有利于环境质量改善。

国际垂直专业化分工的环境效应方面,国际垂直专业化分工程度的提高有利于我国污染减排。由于我国参与国际垂直专业化分工程度较高的产业同时也具有低污染、科技含量高的特点,因此,垂直专业化分工有利于环境质量改善。

其次,基于我国单区域投入产出表计算进出口含污量,发现我国进出口贸易含污量的以下结论。

我国出口含污总量大于进口含污总量,净出口含污量为正,这表明我国为进出口贸易负担了额外的环境成本。进出口含污主要集中在我国进出口贸易额较大的部门,说明贸易规模对环境污染的重要影响作用。

从影响对外贸易含污量大小的因素来看,技术进步是降低贸易含污的因素,贸易规模扩张是增加贸易含污的因素,贸易结构转变与优化对贸易含污的影响作用目前还较小。由于技术进步因素超过了贸易规模因素对贸易含污的影响,因此我国出现了贸易含污下降的效果。

最后,运用国际贸易领域最新的增加值贸易核算方法,并基于技术异质性的多区域非竞争型投入产出模型的分析,研究了我国同美日韩增加值贸易含污及影响因素,得出以下基本结论。

我国对美日韩增加值贸易额与总值贸易额存在不同程度的差距,我国对外贸易额存在"缩水"现象。我国对美日韩的增加值出口含污总量远远大于增加值进口含污总量,我国为美日韩贸易负担了较大的环境成本。我国与美日韩进出口贸易含污的差距一方面在于我国与发达国家在清洁生产技术上巨大差距;另一方面在于我国对美日韩,特别是与美国之间存在的较大贸易顺差。

对影响增加值贸易含污量的因素进行分析,结果表明,技术进步起抑制贸易含污增加作用,贸易规模起促进含污增加作用,贸易结构的作用尚不明显。目前我国对美日韩贸易含污上,技术进步因素的作用小于贸易规模因素的作用,因此我国对三国贸易净含污量为正,我国负担比较大的环境成本。

二、政策建议

虽然，研究结论发现在一定时间内对外贸易对环境污染存在一定程度的消极影响，但是不能“因噎废食”，对外贸易对我国经济增长、技术进步、产业结构升级等有不可替代的积极作用。要正确认识对外贸易与环境污染的关系，对外贸易规模扩张虽然带来环境破坏作用，但是对外贸易引致的技术进步、垂直专业化分工、产业结构升级、贸易结构优化等都有利于环境质量的改善，特提出六点政策建议。

第一，转变我国经济和对外贸易粗放型增长模式。我国经济增长严重依赖资源投入和能源消耗，技术创新不足，占据 GDP 总量近 1/3 的出口贸易无疑也具有这种特点。这种简单粗放型经济增长和外贸扩张模式给我国环境带来较大压力。仅就对外贸易而言，贸易并不是造成污染的根本原因，因此适当的做法是转变贸易增长方式、优化贸易结构。

一方面，转变我国对外贸易增长方式。我国出口贸易规模是影响我国出口含污的主要因素，而我国巨额贸易顺差是我国承担较大环境污染负担的直接原因。因此，首先，要对贸易规模进行适度调控，对污染较重的出口部门进行调整压缩，特别是“高污染、高耗能、资源型”产品的出口规模。近几年“两高一资”部门的比重已经有所降低，但仍然占据主要地位。化学工业、金属冶炼及压延加工业、金属制品业等部门的出口额占出口总额的 20%左右，要通过一定经济贸易手段限制高污染部门的出口规模；鼓励“低污染、低耗能、高附加值”产品的出口，如加大通信及电子设备制造业、服务业等部门的出口规模。其次，要适度增加我国进口贸易规模，我国进口贸易小于出口贸易规模，2012 年我国贸易顺差为 2303 亿美元。近年来，在我国进口贸易中能源资源型部门如石油和天然气开采业、矿采选业、化学工业、金属冶炼等的比重大幅度上升，这几个部门进口额约占进口总额的 30%，这种污染密集型部门进口贸易规模的扩大有利于缓解目前我国污染排放的巨大压力。

另一方面，调整和优化我国对外贸易结构。目前贸易结构因素对污染减排的作用十分有限，因此非常有必要从环境保护角度对贸易结构进行适当调整和优化。除进一步减少“两高一资”产品在出口贸易中的份额之外,还要进一步增加服务贸易出口。我国多年来出口依靠工业制成品,工业制成品占出口贸易总额的90%左右,服务贸易出口仅占10%左右,服务贸易的比重远低于美国30%、日本20%的水平。服务贸易具有低污染、低耗能的特征,服务贸易发展也体现了一国第三产业的发展状况,是产业结构调整和优化的一种表现。但一国贸易结构的调整不是一蹴而就的,是一个长期的过程,一国的贸易结构取决于本国的产业结构,产业结构和贸易结构又与本国的要素禀赋和国际分工地位密切相关,因此贸易结构的调整从长期来看需要本国产业结构的升级和在国际分工地位的改变。

第二,利用对外贸易加快我国技术进步步伐。对外贸易有利于一国技术进步,出口贸易会因参与国际竞争而提升本国生产效率,进口贸易会引进先进技术设备形成技术扩散效应。我国多年对外贸易实践表明,我国已出现技术进步和技术扩散效应,但是技术水平相比发达国家还有不小的距离。这种差距也是我国负担较大环境成本的一个重要原因。因此我国要充分利用国际贸易渠道,引进先进技术,学习借鉴发达国家清洁生产技术,特别是日本在循环经济发展上的成功经验和做法。

第三,调整和优化我国能源消费结构。我国长期以煤炭为主的能源消费结构是造成我国污染排放强度和污染排放总量居高不下的一个重要原因。短期内,在以煤炭为主的能源结构难以改变的情况下,进一步加大“节能减排”力度、提升技术创新的污染减排作用,应继续加大生产中脱硫、降尘等污染治理技术的使用。在中长期内,需要大力发展清洁能源,要大力发展风能、光伏发电、生物质能,积极发展水电,安全发展核电,开发利用页岩气、煤层气。此外,要加强全社会节能环保意识。

第四,适时加大我国环境规制力度。“污染”属于典型的负外部性产品,有必要对污染企业进行严格的监督和管理,降低污染排放。我国从1989年正式颁布第一部《环境保护法》以来,截至目前约有30部有关环境、资源、能源、清洁生产方面的法律,60多部有关环境与资源方面的行政法规,以及1200多项环境标准。以法律数量来说,相比发达国家我国并不算十分落后,主要问题在于没有严格执行。今后,我国环境污染治理的重点应放到法律法规的切实执行上,要避免经济发展短期眼光,切勿再走发达国家“先污染、后治理”的老路,要从长远眼光看待环境保护问题,走可持续发展之路。

在加强我国环境立法和执法的同时,应重视以市场为基础的经济手段和方法治理污染问题,发展污染排放权交易、对污染企业征税、排污许可证等制度,以及对环保企业进行免税、补贴等,发展环保产业,促进污染排放的降低,实现可持续发展。

第五,适时引入碳税等经济手段减少污染排放。碳税是解决环境问题比较重要的经济手段之一,碳税税率可以根据减排目标动态调整,碳税可以提供相对稳定的价格信号,驱使企业调整生产、减少排放;并且政府征税的经验丰富,虽然新增税种会面临一些阻力,但随着环境恶化对生产和生活的严重负面影响,碳税会日渐被公众所接受。

目前,北欧一些国家如丹麦、挪威、芬兰运用碳税进行减排,在我国征收碳税还有待于进一步论证和考察,开征碳税的时机尤为关键。因为我国与发达国家在能源消费结构和经济结构上有较大差异,我国能源消费严重依赖煤炭,并且经济发展处于重化工业为主的阶段,发达国家已然进入“后工业化”阶段,并且能源消费以石油和天然气为主。若盲目且不加论证的开征碳税,将对我国经济运行造成极大压力,因此,碳税的征收时机、征收步骤、税种设计应根据我国国情特点,尽量避免对我国经济产生较大的冲击。

第六,在国际上应该区别对待不同国家所负担的环境责任。我国是国际分工体系中的不可或缺的一员,承接了来自发达国家的产业技术转移,为其他国家的生产和消费作出了重要贡献。目前,我国的“生产排放”大于“消费排放”,净含污为正,要区别这两类排放责任,以便为我国在国际社会上争取更多污染减排空间。

参考文献

一、专著类

1. [美]Tom Tieteberg:《环境与自然经济学》,严旭阳译,清华大学出版社 2001 年版。

2. [美]阿兰·兰德尔:《资源经济学——从经济学角度对自然资源和环境政策的探讨》,施以正译,商务印书馆 1989 年版。

3. [美]德内拉·梅多斯、乔根·兰德斯、丹尼斯·梅多斯:《增长的极限》,李涛、王智勇译,机械工业出版社 2006 年版。

4. 强永昌:《环境规制与中国对外贸易可持续发展》,复旦大学出版社 2006 年版。

5. 彭水军、赖明勇、包群:《环境、贸易与经济增长——理论、模型与实证》,上海三联书店 2006 年版。

6. 王金南:《环境经济学》,清华大学出版社 1994 年版。

7. 佘群之:《贸易自由化与有效环境保护》,中国财政经济出版社 2003 年版。

8. 原毅军:《环境经济学》,机械工业出版社 2005 年版。

9. Anderson, K. and Black Hurst, R., *The Greening of World Trade Issues* , Ann Arbor: University of Michigan Press, 1992.

10. Andreu Mas-collel, Michael D. Whinston, Jerry R. Green, *Microeconomic Theory*, New York: Oxford University Press, 1995.

11. Burniaux J.M., Martin J.P., Nicotetti G., et al. GREEN-A Multi Sector, Multi Region Dynamic General Equilibrium Model for Quantifying the Costs of Curbing CO_2 Emissions: A Technical Manual, In OECD Economies Department Working Paper, Paris: OECD, 1992.

12. Carl P. Simon, Lawrence Blume, *Mathematics for Economists* , New York: W.W. Norton & Company, 2005.

13. David Romer, *Advanced Macroeconomics* , The McGraw-Hill Companies, Inc. 1996.

14. De Melo, J., S. Robinson, Productivity and Externalities: Models of Exported Growth, Memo. 90.10, University of Geneva, Geneva, 1990.

15. Gujarati, *Basic Econometrics* , Fourth Edition, The McGraw-Hill Companies, Inc. 2004

16. William J. Baumol, and Wallace E. Oates, *Theory of Environmental Policy* , New York:

Cambridge University Press,1988.

二、期刊文献类

1. 包群、彭水军:《经济增长与环境污染:基于面板数据的联立方程估计》,《世界经济》2006 年第 11 期。

2. 北京大学中国经济研究中心课题组:《中国出口贸易中的垂直专门化与中美贸易》,《世界经济》2006 年第 5 期。

3. 曹彩虹、韩立岩:《进出口贸易中隐含碳量对环境影响的度量及中美比较》,《国际贸易问题》2014 年第 6 期。

4. 陈红蕾、翟婷婷:《中澳贸易隐含碳排放的测算及失衡度分析》,《国际经贸探索》2013 年第 7 期。

5. 陈红蕾、陈秋峰:《染避难所假说及其在中国的检验》,《暨南学报(哲学社会科学版)》2006 年第 4 期。

6. 陈诗一:《中国的绿色工业革命:基于环境全要素生产率视角的解释(1980—2008)》,《经济研究》2010 年第 1 期。

7. 陈继勇、刘威、胡艺:《论中国对外贸易、环境保护与经济的可持续增长》,《亚太经济》2005 年第 4 期。

8. 陈向东、王娜:《国际贸易框架下出口国能耗——环境成本问题分析》,《国际贸易问题》2006 年第 3 期。

9. 陈雯、李强:《我国对外贸易的能源消耗分析——基于非竞争型投入产出法的研究》,《世界经济研究》2014 年第 7 期。

10. 陈雯、李强:《全球价值链分工下我国出口规模的透视分析——基于增加值贸易核算方法》,《财贸经济》2014 年第 7 期。

11. 陈雯、李强:《增加值出口的能源消耗和污染气体排放——新贸易核算方法下的中美对比》,《吉林大学社会科学学报》2015 年第 1 期。

12. 陈迎、潘家华、谢来辉:《中国外贸进出口商品中的内涵能源及其政策含义》,《经济研究》2008 年第 7 期。

13. 党玉婷、万能:《贸易对环境影响的实证分析——以中国制造业为例》,《世界经济研究》2007 年第 4 期。

14. 戴翔:《产品内分工、出口增长与环境福利效应——理论及对中国的经验分析》,《国际贸易问题》2010 年第 10 期。

15. 邓柏盛、宋德勇:《我国对外贸易、FDI 与环境污染之间关系的研究:1995—2005》,《国际贸易问题》2008 年第 4 期。

16. 董斌昌、杜希垚:《中国能源消费与出口贸易之间关系的实证研究》,《广西财经学院学报》2006 年第 5 期。

17. 邓军:《中国出口中增加值的来源地和目的地——基于增加值贸易的视角》,《浙江社会科学》2014年第8期。

18. 高敏雪、葛金梅:《出口贸易增加值测算的微观基础》,《统计研究》2013年第10期。

19. 郭红燕、韩立岩:《贸易自由化对我国环境的影响——基于我国工业行业数据的分析》,《对外经济贸易大学学报》2008年第3期。

20. 黄娟、田野:《产品内分工下中国自由贸易的环境效应——基于联立方程模型的实证分析》,《国际经贸探索》2012年第8期。

21. 何洁:《国际贸易对环境的影响:中国各省的二氧化硫工业排放》,《经济学季刊》2010年第1期。

22. 何正霞、许士春:《我国经济开放对环境影响的实证研究:1990—2007年》,《国际贸易问题》2009年第10期。

23. 胡涛:《我国对外贸易的资源环境逆差分析》,《中国人口·资源与环境》2008年第2期。

24. 金碚:《资源与环境约束下的中国工业发展》,《中国工业经济》2005年第6期。

25. 刘力:《国际贸易的环境效应分析及相关研究综述》,《国际经贸探索》2005年第1期。

26. 刘林奇:《我国对外贸易环境效应理论与实证分析》,《国际贸易问题》2009年第3期。

27. 李永友、沈坤荣:《我国污染控制政策的减排效果——基于省际工业污染数据的实证分析》,《管理世界》2008年第7期。

28. 李慕苗、陈建国、张连众:《我国国际贸易中污染产品的跨境转移》,《国际贸易问题》2005年第10期。

29. 李小平:《国际贸易中隐含的CO_2测算——基于垂直专业化分工的环境投入产出模型分析》,《财贸经济》2010年第5期。

30. 李小平、卢现祥:《国际贸易、污染产业转移和中国工业CO_2排放》,《经济研究》2010年第1期。

31. 李昕、徐滇庆:《中国外贸依存度和失衡度的重新估算——全球生产链中的增加值贸易》,《中国社会科学》2013年第1期。

32. 刘利民、崔日明:《我国各行业国际产品内贸易发展水平——基于垂直专业化指数法的测算》,《国际经贸探索》2011年第4期。

33. 刘遵义:《非竞争型投入占用产出模型及其应用》,《中国社会科学》2007年第5期。

34. 刘婧:《一般贸易与加工贸易对我国环境污染影响的比较分析》,《世界经济研究》2009年第6期。

35. 林季红、孟静:《国际垂直专业化对中美贸易顺差的影响》,《世界经济研究》2012年第11期。

36. 卢锋:《当代服务外包的经济学观察:产品内分工的分析视角》,《世界经济》2007年第8期。

37. 卢锋:《产品内贸易》,《经济学季刊》2004 年第 10 期。

38. 陆菁:《贸易与环境经济分析的实证研究述评》,《浙江社会科学》2006 年第 2 期。

39. 陆旸:《环境规制影响了污染密集型商品的贸易比较优势吗?》,《经济研究》2009 年第 4 期。

40. 马涛、陈家宽:《中国工业产品国际贸易的污染足迹分析》,《中国环境科学》2005 年第 4 期。

41. 马风涛、李俊:《中国制造业产品全球价值链的解构分析——基于世界投入产出表的方法》,《国际商务——对外经济贸易大学学报》2014 年第 1 期。

42. 马红旗、陈仲常:《我国制造业垂直专业化生产与全球价值链升级的关系——基于全球价值链治理视角》,《南方经济》2012 年第 9 期。

43. 倪红福、李善同、何建武:《对外贸易隐含 SO_2 测算及影响因素的结构分解分析》,《统计研究》2012 年第 7 期。

44. 牛海霞、罗希晨:《我国加工贸易污染排放实证分析》,《国际贸易问题》2009 年第 2 期。

45. 彭水军、刘安平:《中国对外贸易的环境影响效应——基于环境投入产出模型的经验研究》,《世界经济》2010 年第 5 期。

46. 齐晔、李惠民、徐明:《中国进出口贸易中的隐含碳估算》,《中国人口 · 资源与环境》2008 年第 3 期。

47. 丘兆逸:《国际垂直专业化中污染工序转移研究》,《国际贸易问题》2012 年第 4 期。

48. 钱慕梅、李怀政:《中国东中西部出口贸易环境效应比较分析——基于低碳发展的视角》,《国际贸易问题》2011 年第 6 期。

49. 沈利生:《我国对外贸易结构变化不利于节能降耗》,《管理世界》2007 年第 10 期。

50. 沈利生、唐志:《对外贸易对我国污染排放的影响——以二氧化硫排放为例》,《管理世界》2008 年第 6 期。

51. 沈荣珊、任荣明:《贸易自由化环境效应的实证研究》,《国际贸易问题》2006 年第 7 期。

52. 盛斌、吕越:《外国直接投资对中国环境的影响——来自工业行业面板数据的实证研究》,《中国社会科学》2012 年第 5 期。

53. 盛斌、马涛:《中国工业部门垂直专业化与国内技术含量的关系研究》,《世界经济研究》2008 年第 8 期。

54. 孙静娟:《关于环境经济投入产出核算理论与方法的改进》,《数量经济技术经济研究》2005 年第 4 期。

55. 童伟伟:《中国对美出口的国内外价值含量分解研究》,《国际贸易问题》2013 年第 5 期。

56. 童伟伟:《中美产品内分工中存在污染生产环节转移吗?》,《财经论丛》2013 年第 9 期。

57. 田素妍、周力、苗玲:《国际贸易模式的环境效应研究》,《世界经济与政治论坛》2011 年第 6 期。

58. 田野:《产品内分工视角下中国对外贸易的环境效应研究》,《东北大学学报(社会科学版)》2012 年第 6 期。

59. 涂正革:《环境、资源与工业增长的协调性》,《经济研究》2008 年第 2 期。

60. 王兵、吴延瑞、颜鹏飞:《环境管制与全要素生产率增长:APEC 的实证研究》,《经济研究》2008 年第 8 期。

61. 王兵、吴延瑞、颜鹏飞:《中国区域环境效率与环境全要素生产率增长》,《经济研究》2010 年第 5 期。

62. 王菲、李娟:《中国对日本出口贸易中的隐含碳排放及结构分解分析》,《经济经纬》2012 年第 4 期。

63. 王海峰:《贸易自由化与环境保护的平衡——世界贸易组织框架下的环境保护机制探析》,《世界经济研究》2007 年第 4 期。

64. 王岚、盛斌:《全球价值链分工背景下的中美增加值贸易与双边贸易利益》,《财经研究》2014 年第 9 期。

65. 王岚:《融入全球价值链对中国制造业国际分工地位的影响》,《统计研究》2014 年第 5 期。

66. 王军:《贸易和环境研究的现状与进展》,《世界经济》2004 年第 7 期。

67. 文东伟、冼国明:《中国制造业的垂直专业化与出口增长》,《经济学季刊》2010 年第 4 期。

68. 吴玉鸣:《环境规制与外商直接投资因果关系的实证分析》,《华东师范大学学报(哲学社会科学版)》2006 年第 1 期。

69. 吴玉鸣:《外商直接投资与环境规制关联机制的面板数据分析》,《经济地理》2007 年第 1 期。

70. 吴英娜、姚静:《中美进出口贸易中隐含碳的研究——基于贸易污染条件的分析》,《宏观经济研究》2012 年第 12 期。

71. 向书坚、温婷:《中国对外贸易隐含碳排放的重估算——基于新附加值贸易统计视角》,《国际经贸探索》2014 年第 11 期。

72. 徐慧:《中国进出口贸易的环境成本转移——基于投入产出模型的分析》,《世界经济研究》2010 年第 1 期。

73. 许士春:《贸易对我国环境影响的实证分析》,《世界经济研究》2006 年第 3 期。

74. 徐久香:《基于非竞争型投入产出表的我国出口增加值核算》,《国际贸易问题》2013 年第 11 期。

75. 杨涛:《环境规制对中国 FDI 影响的实证分析》,《世界经济研究》2003 年第 5 期。

76. 杨涛:《环境规制对中国对外贸易影响的实证分析》,《当代财经》2003 年第 10 期。

77. 颜鹏飞、王兵:《技术效率、技术进步与生产率增长:基于 DEA 的实证分析》,《经济研究》2004 年第 12 期。

78. 应瑞瑶、周力:《外商直接投资、工业污染与环境规制——基于中国数据的计量经济学分析》,《财贸经济》2006 年第 1 期。

79. 闫云凤、赵忠秀、王苒:《基于 MRIO 模型的中国对外贸易隐含碳及排放责任研究》,《世界经济研究》2013 年第 6 期。

80. 闫云凤、杨来科:《中美贸易与气候变化——基于投入产出法的分析》,《世界经济研究》2009 年第 9 期。

81. 游伟民:《我国西部地区贸易对环境污染影响的分析——基于西部地区省际面板数据的检验》,《当代财经》2010 年第 10 期。

82. 张连众、朱坦、李慕菡、张伯伟:《贸易自由化对我国环境污染的影响分析》,《南开经济研究》2003 年第 3 期。

83. 赵玉焕、李洁超:《基于技术异质性的中美贸易隐含碳问题研究》,《中国人口·资源与环境》2013 年第 12 期。

84. 张友国:《中国贸易增长的能源环境代价》,《数量经济技术经济研究》2009 年第 1 期。

85. 张友国:《中国贸易含碳量及其影响因素——基于(进口)非竞争型投入产出表的分析》,《经济学季刊》2010 年第 7 期。

86. 张少华、陈浪南:《外包对于我国环境污染影响的实证研究:基于行业面板数据》,《当代经济科学》2009 年第 1 期。

87. 张相文、黄娟、李婷:《产品内分工下中国对外贸易对环境污染的影响——基于投入产出模型的分析》,《宏观经济研究》2014 年第 7 期。

88. 张咏华:《中国制造业增加值出口与中美贸易失衡》,《财经研究》2013 年第 2 期。

89. 张昭利、朱保华、任荣明、朱晓明:《贸易对我国二氧化硫污染的影响——基于投入产出的分析》,《经济理论与经济管理》2012 年第 12 期。

90. 郑丹青、于津平:《中国出口贸易增加值的微观核算及影响因素研究》,《国际贸易问题》2014 年第 8 期。

91. 周力、应瑞瑶:《外商直接投资与工业污染》,《中国人口·资源与环境》2009 年第 2 期。

92. 周茂荣、祝佳:《贸易自由化对我国环境的影响——基于 ACT 模型的实证研究》,《中国人口·资源与环境》2008 年第 4 期。

93. 朱启荣:《能源消费与出口贸易的协整及 Granger 因果关系检验——以山东省为例》,《国际经贸探索》2007 年第 4 期。

94. 朱启荣:《我国出口贸易与工业污染、环境规制关系的实证分析》,《世界经济研究》2007 年第 8 期。

95. 朱启荣:《中国出口贸易中的 CO_2 排放问题研究》,《中国工业经济》2010 年第 1 期。

96. 朱允卫:《论环境规制下的国际分工与国际贸易》,《国际经贸探索》2002 年第 5 期。

三、外文期刊文献类

1. Ang B.W., Zhang F.Q., Choi K.H., "Factorizing Changes in Energy an Environmental Indicators through Decomposition", *Energy*, 1998, 2(6).

2. Ang B W, Liu N, "Handling Zero Values in the Logarithmic Mean Diyisia Index Decomposition Method", *Energy Policy*, 2007, (35).

3. Antweiler, W., Copeland, B.R., Taylor, M.S., "Is Free Trade Good for the Environment?", *American Economic Review*, 2001, 91(4).

4. Brian R.Copeland, M.Scott Taylor, "North-South Trade and the Environment", *Quarterly Journal of Economics*, 1994(8).

5. Bandara, J.and Coxhead I., "Can Trade Liberalization Have Environmental Benefits in Developing Country Agriculture? A Sri Lankan Case Study", *Journal of Policy Modeling*, 1999, 21 (3).

6. Barrett, "Strategic Environmental Policy and Interactional Trade", *Journal of Public Economies*, 1994, 54.

7. Beghin, J., Roland-Holst, D., and van der Mensbrugghe, D., "Trade and Pollution Linkages: Piecemeal Reform and Optimal Intervention", *Canadian Journal of Economics*, 1997, 30(2).

8. Brian R.Copeland, M.Scott Taylor, "Trade and Transboundary Pollution", *American Economic Review*, 1995a, 85.

9. Brian R.Copeland, M.Scott Taylor, "Trade and the Environment: A Partial Synthesis", *American Journal of Agricultural Economics*, 1995b, 77.

10. Brian R.Copeland, M.Scott Taylor, "The Trade- Induced Degradation Hypothesis", *Resource And Energy Economics*, 1997, 19.

11. Brian R.Copeland, M.Scott Taylor, "Trade, Spatial Separation, and the Environment", *Journal of International Economics*, 1999, 47.

12. Brian R.Copeland, M.Scott Taylor, "Free Trade and Global Warming: a trade theory view of the Kyoto protocol", *Journal of Environmental Economics and Management*, 2005, 49.

13. Brian R.Copeland, M.Scott Taylor, "North-South Trade and the Environment", *Quarterly Journal of Economics*, 1994, (8).

14. Bruce A.Forster, "A Note on Economic Growth and Environmental Quality", *Swed. J. of Economics*, 1972.

15. Catherine Boulatoff, Michael Jenkins, "Long-term Nexus Between Openness, Income, and Environmental Quality", *International Atlantic Economic Society*, 2010, (16).

16. Chichilnisky Graciela, "North-South Trade and the Global Environment", *American Economic Review*, 1994, 84(4).

17. Cole, M., Rayner, A, and Bates, J., "Trade Liberalization and the Environment: The Case of the Uruguay Round", *World Economy*, 1998, 21(3).

18. Cole, M. and Rayner, A., "The Uruguay Round and Air Pollution: Estimating the Composition, Scale and Technique Effects of Trade Liberalization", *Journal of International Trade and Economic Development* ,2000,9(3).

19. Dean, J. Export Bans, "Environment, and Developing Country Welfare", *Review of International Economics* ,1995(3).

20. Dean, J. Export Bans, "Environmental Protection, and Unemployment", *Review of Development Economics* ,1997(1).

21. Dean, J., "Does Trade Liberalization Harm the Environment? A New Test", *Canadian Journal of Economics* ,2002,35(4).

22. Derek K., Kellenberg, "An Empirical Investigation of the Pollution Haven Effect with Strategic Environment and Trade Policy", *Journal of International Economics* ,2009,78.

23. Eliste, P. and Fredriksson, P. "Environmental Regulations, Transfers and Trade: Theory and Evidence", *Journal of Environmental Economics and Management* ,2002,43.

24. Hummels D., Jun Ishii, Kei-Mu Yi. "The Nature and Growth of Vertical Specialization in World Trade", *Journal of International Economics* ,2001,54(1).

25. Gale, "IV. Trade Liberalization and Pollution: An Input-output Study of Carbon Dioxide Emissions in Mexico", *Economic Systems Research* ,1995,7 (3).

26. Krugman, Paul, "Growing World Trade: Causes and Consequences", *Brookings Papers on Economic Activity* ,1995,(1).

27. Lenzen, M., "A Generalized Input-Output Multiplier Calculus for Australia", *Economic Systems Research*, 2001,13(1).

28. Levinson, A., "Environmental Regulations and Manufacturers Location Choices: Evidence from the Census of Manufacturers", *Journal of Public Economics* ,1996,62(1).

29. Lopez, R., "The Environment as Factors of Production: The Effects of Economic Growth and Trade Liberalization", *Journal of Environmental Economics and Management* ,1994,27(2).

30. Lopez, R., "Environmental Externalities in Traditional Agriculture and the Impact of Trade Liberalization: The Case of Ghana", *Journal of Development Economics* ,1997,53(1).

31. Lopez, R., "Trade Reform and Environmental Externalities in General Equilibrium: Analysis for an Archetype Poor Tropical Country", *Environmental and Development Economics* , 2000,5(4).

32. Markusen, J., Morey, E., and Olewiler, N., "Environmental Policy When Market Structure and Plant Locations are Endogenous", *Journal of Environmental Economics and Management*, 1993,(24).

33. Selden Thomas M. & Song Daqing, "Environmental Quality and Development: Is There Kuznets Curve for Air Pollution Emissions?", *Journal of Environmental Economics and Management* ,1994,27(2).

34. Nektarios Aslanidisa, Susana Iranzo, "Environment and Development: Is There a Kuznets Curve for CO_2 Emissions?", *Applied Economics*, 2009, (41).

35. Pethig, R., "Pollution, Welfare and Environmental Policy in the Theory of Comparative Advantage", *Journal of Environmental Economics and Management*, 1976, (2).

36. Rauscher, M., "National Environmental Policies and the Effects of Economic Integration", *European Journal of Political Economy*, 1991b (7).

37. Rauscher, M., "Economic Integration and the Environment: Effects on Members and Non-members", *Environmental and Resource Economics*, 1992, (2).

38. Rauscher, M., "Environmental Regulation and the Location of Polluting Industries", *International Tax and Public Finance*, 1995, (2).

39. Robert.C.Johnson, Guillermo Noguera, "Accounting for Intermediates Production Sharing and Trade in Value Added", *Journal of International Economics*, 2012, (86).

40. Rogrigo, G., E.T horbecke, "Sources of Growth: A Reconsideration and General Equilibrium Application to Indonesia", *World Development*, 1997, 25(10).

41. Runge, C.Ford, "Trade Protectionism and Environmental Regulations: The New Nontariff Barriers", *Northwester Journal of International Law and Business*, 1990, (11).

42. Stem, D., Common, M., "Is There an Environmental Kuznets Curve for Sulfur?", *Journal of Environmental Economics and Management*, 2001, 41 (2).

43. Strutt, A., Anderson, K., "Will Trade Liberalization Harm the Environment? The Case of Indonesia to 2020", *Environmental and Resource Economics*, 2000, 17(3).

44. Tobey, J., "The Effects of Domestic Environmental Policies on Patters of World Trade: An Empirical Test", *Kyklos*, 1990, 43 (2).

45. Walter, I., "The Pollution Content of American Trade", *Western Economic Journal*, 1973, 11(1).

46. Werner Antweiler, "How Effective Is Green Regulatory Threat", *Aea Papers and Proceedings*, 2003, (2).

47. Wheeler, D., "Racing to the Bottom? Foreign Investment and Air Pollution in Developing Countries", *Journal Environment and Development*, 2001, 10(3).

48. Wu Yanrui, "Is China's Economic Growth Sustainable? A Productivity Analysis", *China Economic Review*, 2000, (14).

四、工作论文类

1. Andreoni, J.and Arik Levinson, The Simple Analytics of the EKC, *NBER Working Paper*, No.6739, 1998.

2. Arik Levison.M.Scott Taylor, Unmasking Pollution Heaven Effect, *NBER Working Paper*, No.10629, 2004.

3. Arik Levison, "Technology, International Trade and Pollution from U.S. Manufacturing", *NBER Working Paper*, No.13616, 2007.

4. Arik Levison, "Pollution and International Trade in Sevices", *NBER Working Paper*, No. 14936, 2009.

5. Beata.K.Smarzynska.Shang-Jin Wei, "Pollution Heaven and Foreign Direct Investment: Dirty Secret or Popular Myth?", *NBER Working Paper*, No.8465, 2001.

6. Brian R.Copeland, M.Scott Taylor, "International Trade and Environment: A Framework for Analysis", *NBER Working Paper*, No.8540, 2001.

7. Brian R.Copeland M.Scott Taylor, "Trade, Growth and the Environment", *NBER Working Paper*, No.9823, 2003.

8. Brian R.Copeland, M.Scott Taylor, "Free Trade and Global Warming: A Trade Theory view of the Kyoto Protocol", *NBER Working Paper*, No.7657, 2000.

9. Chichilnisky Graciela, "Who Should Abate Carbon Emission? An International Viewpoint", *NBER Working Paper*, No.4425, 1993.

10. Dean J.M., Lovely M.E., "Trade Growth, Production Fragmentation, and China's Environment", *NBER Working Paper*, No.13860, 2008.

11. Eskeland, G. and Harisson, A., "Moving to Greener Pastures? Multinationals and the Pollution Haven Hypothesis", *NBER Working Paper*, No.8888, 2002.

12. Gene M.Grossman, Alan B.Krueger, "Economic Growth and the Environment", *NBER Working Paper*, No.4634, 1994.

13. Gene M.Grossman, Alan B.Krueger, "Environmental impacts of a North American Free Trade Agreement", *NBER Working Paper*, No.3914, 1991.

14. Huifang Tian, John Whalley, "China's Participation in Global Environment Negotiations", *NBER Working Paper*, No.1446, 2008.

15. Holtz-Eakin, Douglas and Selden, Thomas M., "Stoking the fires? CO_2 Emissions and Economic growth", *NBER Working Paper*, No.4248, 1992.

16. Jams Andreoni, Arik Levinson, "The Simple Analytics of the Environmental Kuznets Curve", *NBER Working Paper*, No.6739, 1998.

17. Jean-Marrie Grether, "Jaime de Melo, Globalization and Dirty Industry: Do Pollution Heaven Matters?", *NBER Working Paper*, No.9776, 2003.

18. Jeffrey.A.Frankel, Andrew .K.Rose, "Is Trade Good or Bad for Environment? Sorting out the Causality", *NBER Working Paper*, No.9201, 2002.

19. Jeffrey.A.Frankel, "The Environment and Globalization", *NBER Working Paper*, No. 10090, 2003.

20. Josh Ederington, Arik Levison, Jenny Minier, "Trade Liberalization and Pollution Heavens", *NBER Working Paper*, No.10585, 2004.

21. Koopman Robert ,Zhi Wang,Shang-Jin Wei,"How Much of China's Exports is Really Made in China? Estimating Domestic Content in Exports When Processing Trade is Pervasive", *NBER Working Paper* ,No.14109,2008.

22. Koopman,Robert,William Powers,Zhi Wang,"Give Credit Where Credit Is Due:Tracing Value Added in Global Production Chains",*NBER Working Paper* ,No.16426,2010.

23. Koopman Robert,Zhi Wang,Shang-Jin Wei,"Tracing Valued-added and Double Counting in Gross Exports",*NBER Working Paper* ,No.18579,2012.

24. Larrry E.Jones,Rodolfo E.Manuelli,"A Positive Model of Growth and Pollution Controls",*NBER Working Paper* ,No.5205,1995.

25. Locus W.Davis,Matthew E.Kahn,"International Trade in Used Durable Goods:the Environment Consequences on NAFTA",*NBER Working Paper* ,No.14565,2008.

26. Marcel P.Timmer,Abdul Azeez Erumban,Bart Los,Robert Stehrer,Gaaitzen de Vries, "Slicing Up Global Value Chains",*WIOD Working Paper* ,No.12,2012.

27. Mary Lovely,David Popp,"Trade,Technology and Environment:Why Have Poor Countries Regulated Sooner?",*NBER Working Paper* ,No.14286,2008.

28. Nemat Shafik,Sushenji Bandyopadhyay,"Economic Growth and Environmental Quality-Time-Series and Cross-Country Evidence",*NBER Working Paper* ,No.0904,1992.

29. Nikhil Patel,Zhi Wang,Shang-Jin Wei,"Global Value Chains and Effecitive Exchange Rates at the Country-Sector Level",*NBER Working Paper* ,No.20236,2014.

30. Robert Stehrer,Neil Foster,Gaaitzen de Vries,"Value Added and Factors in Trade:A Comprehensive Approach",*WIOD Working Paper* ,No.7,2012.

31. Robert Stehrer,"Trade in Value Added and the Value Added in Trade",*WIOD Working Paper* ,No.8,2012.

32. Robert C.Johnson,"Trade in Intermediate Inputs and Business Cycle Comovement", *NBER Working Paper* ,No.18240,2012.

33. Robert Stehrer,"Accounting Relations in Bilateral Value Added Trade",*WIOD Working Paper*, No.14,2013.

34. Robert C.Johnson,Guillermo Noguera,"Fragmentation and Trade in Valued over Four decades",*NBER Working Paper* ,No.18186,2012.

35. Timmer,M.P.,"The World Input-Output Database (WIOD):Contents,Sources and Methods",*WIOD Working Paper* ,No.10,2012.

36. Wang,Zhi,William Powers,Shang-Jin Wei,"Value Chains in East Asian Production Networks",*USITC Working Paper* ,No.2009-10-C.2009.

37. William A.Brock,M.Scott Taylor,"The Green Solow Model",*NBER Working Paper* , No.1057,2004.

38. William A.Brock,M.Scott Taylor,"Economic Growth and the Environment:A Review of

Theory and Emprics", *NBER Working Paper* , No.10854, 2004.

39. Hong Ma, Wang, Zhi, Kunfu Zhu, "Domestic Value Added in China's Export and its Distribution by Firm Ownership", *USITC* , No.2013-05A, 2013.

五、学位论文类

1. 陈红蕾:《自由贸易的环境效应研究——基于中国工业进出口贸易的实证分析》,暨南大学博士学位论文,2010 年。

2. 陈红敏:《我国对外贸易的能源环境影响——基于隐含流的研究》,复旦大学博士学位论文,2009 年。

3. 迟诚:《我国贸易与环境问题研究》,南开大学博士学位论文,2010 年。

4. 党玉婷:《中国对外贸易与环境污染——基于多边及双边贸易的污染含量分析》,南开大学博士学位论文,2010 年。

5. 刘林奇:《我国对外贸易与环境问题关系研究》,华中科技大学博士学位论文,2009 年。

6. 彭水军:《经济增长、贸易与环境——理论、模型及中国的经验研究》,湖南大学博士学位论文,2005 年。

7. 唐玲:《国际外包与生产率——基于中国工业行业的实证分析》,华中科技大学博士学位论文,2010 年。

8. 闫云凤:《中国对外贸易的隐含碳研究》,华东师范大学博士学位论文,2011 年。

9. 游伟民:《自由贸易与环境污染:理论分析与中国的实证研究》,山东大学博士学位论文,2011 年。

10. 张咏华:《中国制造业在国际垂直专业化分工体系中的地位》,南开大学博士学位论文,2013 年。

11. 张娟:《中国对外贸易的环境效应研究》,华中科技大学博士学位论文,2012 年。

附　　录

表 1　1990—2015 年我国国内生产总值及进出口总额

（1978 年不变价格，亿元）

年份	国内生产总值	出口总额	进口总额
1990	10370.3	472.5	528.3
1991	11334.1	516.4	577.4
1992	12945.3	589.8	659.5
1993	14740.6	671.6	750.9
1994	16664.5	759.2	848.9
1995	18489.1	842.4	941.9
1996	20324.8	926.0	1035.4
1997	22201.0	1011.5	1131.0
1998	23941.0	1090.7	1219.6
1999	25776.7	1174.4	1313.1
2000	27965.5	1274.1	1424.6
2001	30297.8	1380.4	1543.4
2002	33064.2	1506.4	1684.4
2003	36382.3	1657.6	1853.4
2004	40061.0	1825.2	2040.8
2005	44626.3	2033.2	2273.3
2006	50302.5	2291.8	2562.5
2007	57461.3	2617.9	2927.2
2008	63008.8	2870.7	3209.8
2009	68931.5	3140.5	3511.5
2010	76263.1	3474.5	3885.0

续表

年份	国内生产总值	出口总额	进口总额
2011	83535.9	3805.9	4255.5
2012	90098.7	4104.9	4589.8
2013	97088.3	4423.3	4945.9
2014	104173.4	4746.1	5306.8
2015	111376.3	5074.3	5673.7

资料来源:根据历年《中国统计年鉴》整理得到。

表 2　1980—2015 年我国出口额占 GDP 及占世界出口总额的比重

年份	出口占国内生产总值的比重	出口占世界出口总额的比重	出口占世界位次
1980	6.0%	0.9%	26
1981	7.5%	1.1%	19
1982	7.8%	1.2%	17
1983	7.4%	1.2%	17
1984	8.1%	1.3%	18
1985	9.0%	1.4%	17
1986	10.5%	1.4%	16
1987	12.2%	1.6%	16
1988	11.7%	1.7%	16
1989	11.5%	1.7%	14
1990	1.06%	1.8%	15
1991	17.6%	2%	13
1992	17.4%	2.3%	11
1993	15%	2.4%	11
1994	21.6%	2.8%	11
1995	20.5%	2.9%	11
1996	17.7%	2.8%	11
1997	19.2%	3.3%	10
1998	18.0%	3.3%	9
1999	18.0%	3.4%	9

续表

年份	出口占国内生产总值的比重	出口占世界出口总额的比重	出口占世界位次
2000	20.8%	3.9%	7
2001	20.1%	4.3%	6
2002	22.4%	5%	5
2003	26.7%	5.8%	4
2004	30.7%	6.4%	3
2005	33.9%	7.3%	3
2006	35.9%	8%	3
2007	35.2%	8.7%	2
2008	32.0%	8.9%	2
2009	24.1%	9.6%	1
2010	26.7%	10.3%	1
2011	26.1%	10.4%	1
2012	24.9%	11.1%	1
2013	23.3%	11.7%	1
2014	22.3%	12.3%	1
2015	20.48%	13.8%	1

资料来源：根据历年《中国统计年鉴》及《中国对外经济贸易统计年鉴》整理得到。

表3　2007—2015年我国进出口产品结构

年份	出口产品结构			进口产品结构		
	农产品占比	农产加工品占比	工业产品占比	资本设备占比	原材料占比	消费品占比
2007	0.16%	0.73%	99.10%	15.35%	76.00%	8.00%
2008	0.19%	0.84%	98.97%	12.71%	78.93%	7.74%
2009	0.24%	0.87%	98.89%	13.37%	75.96%	9.74%
2010	0.27%	0.76%	98.98%	15.29%	75.42%	8.46%
2011	0.29%	0.83%	98.88%	13.02%	77.21%	8.94%
2012	0.29%	0.99%	98.72%	12.61%	76.87%	9.74%
2013	0.28%	1.01%	98.71%	13.26%	75.40%	10.21%

续表

年份	出口产品结构			进口产品结构		
	农产品占比	农产加工品占比	工业产品占比	资本设备占比	原材料占比	消费品占比
2014	0.28%	1.03%	98.69%	13.68%	73.94%	10.93%
2015	0.30%	1.07%	98.63%	16.07%	68.67%	13.34%

资料来源:根据历年《中国统计年鉴》整理得到。

表 4 初级产品及工业制成品进出口贸易额

(单位:亿美元)

年份	初级产品		工业制成品	
	出口	进口	出口	进口
1980	91.14	69.59	90.05	130.58
1981	102.48	80.44	117.59	139.17
1982	100.5	76.34	122.71	116.51
1983	96.2	58.08	126.06	155.82
1984	119.34	52.08	142.05	222.02
1985	138.28	52.89	135.22	369.63
1986	112.72	56.49	196.7	327.55
1987	132.31	69.15	262.06	363.01
1988	144.06	100.68	331.1	452.07
1989	150.78	117.54	374.6	473.86
1990	158.86	98.53	462.05	434.92
1991	161.45	108.34	556.98	529.57
1992	170.04	132.55	679.36	673.3
1993	166.66	142.1	750.78	897.49
1994	197.08	164.86	1012.98	991.28
1995	214.85	244.17	1272.95	1076.67
1996	219.25	254.41	1291.23	1133.92
1997	239.53	286.2	1588.39	1137.5
1998	204.89	229.49	1632.2	1172.88

续表

年份	初级产品		工业制成品	
	出口	进口	出口	进口
1999	199.41	168.46	1749.9	1388.53
2000	254.6	467.39	2237.43	1783.55
2001	263.38	457.43	2397.6	1978.1
2002	258.4	492.71	2970.56	2458.99
2003	348.12	727.63	4034.16	3399.96
2004	405.49	1172.67	5527.77	4439.62
2005	490.37	1477.14	7129.16	5122.39
2006	529.19	1871.29	9160.17	6043.32
2007	615.09	2430.85	11562.67	7128.65
2008	779.57	3623.95	13527.36	7701.67
2009	631.12	2898.04	11384.83	7161.19
2010	816.86	4338.5	14960.69	9623.94
2011	1005.45	6042.69	17978.36	11392.15
2012	1005.58	6349.341	19481.56	11834.71

资料来源：根据历年《中国统计年鉴》及《中国对外经济贸易统计年鉴》整理得到。

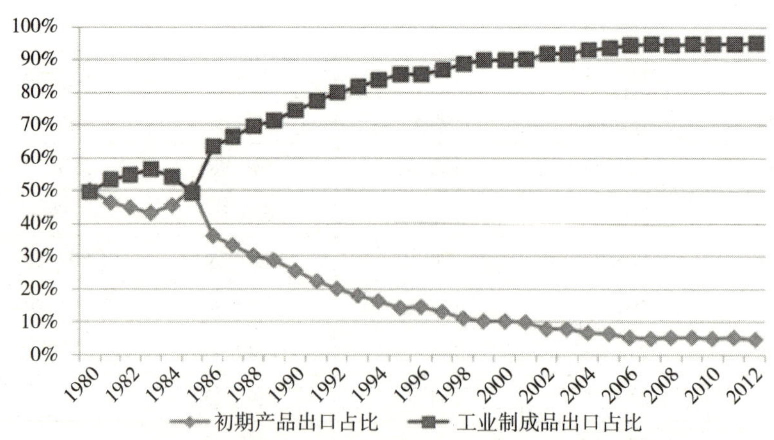

图1 1980—2012 年我国初级产品和工业制成品出口占比情况

资料来源：根据历年《中国对外经济贸易统计年鉴》整理得到。

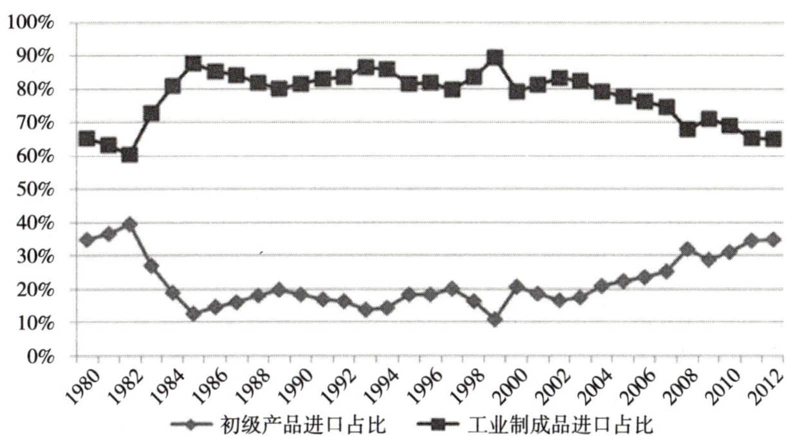

图 2　1980—2012 年我国初级产品和工业制成品进口占比情况

资料来源:根据历年《中国对外经济贸易统计年鉴》整理得到。

表 5　我国一般贸易与加工贸易进出口额

（单位:亿美元）

年份	一般贸易		加工贸易		其他贸易	
	出口	进口	出口	进口	出口	进口
1981	208	203.66	11.31	15.04	0.79	1.5
1982	208.69	170.17	15.77	21.28	0.74	1.45
1983	201.6	187.68	20.01	24.01	0.69	2.21
1984	231.62	238.49	29.29	31.47	0.49	4.14
1985	237.3	372.72	33.16	42.74	3.04	7.04
1986	250.95	352.07	51.41	63.9	7.04	13.13
1987	296.43	287.72	81.38	95.02	16.59	49.36
1988	325.96	352.08	128.33	137.46	20.91	63.16
1989	315.52	356.14	188.04	156.78	21.84	78.48
1990	354.6	262	254.2	187.6	12.1	83.9
1991	318.2	295.4	324.3	250.3	13.6	92.2
1992	346.8	336.2	396.07	315.14	16.53	154.56
1993	432	380.45	442.36	363.6	43.03	295.55
1994	615.6	355.2	569.8	475.7	24.7	325.2
1995	713.61	433.81	737.18	583.59	37.01	303.4
1996	628.24	393.63	843.27	622.75	38.99	371.92

续表

年份	一般贸易		加工贸易		其他贸易	
	出口	进口	出口	进口	出口	进口
1997	779.74	390.3	996.02	702.06	52.14	331.34
1998	742.35	436.8	1044.54	685.99	50.22	279.58
1999	791.35	670.4	1108.82	735.78	49.14	250.81
2000	1051.81	1000.8	1376.52	925.58	63.7	324.57
2001	1119.81	1134.6	1474.34	939.74	67.83	361.23
2002	1361.8	1291.1	1799.27	1222	94.82	438.59
2003	1820.34	1877	2418.49	1629.35	143.45	621.22
2004	2436.06	2481.5	3279.7	2216.95	217.5	913.89
2005	3150.63	2796.3	4164.67	2740.12	304.23	1063.08
2006	4162.55	3330.7	5103.55	3214.72	423.81	1369.15
2007	5393.55	4286.6	6175.6	3684.74	623.2	1590.2
2008	6628.62	5720.9	6751.14	3783.77	927.17	1820.92
2009	5298.12	5344.7	5868.62	3222.91	849.37	1491.62
2010	7206.12	7692.8	7402.79	4174.82	1168.63	2094.86
2011	9170.34	10076	8352.84	4697.56	1460.64	2661.07
2012	9878.99	10223.9	8626.77	4812.75	1981.38	3147.43

资料来源:根据历年《中国统计年鉴》及《中国对外经济贸易统计年鉴》整理得到。

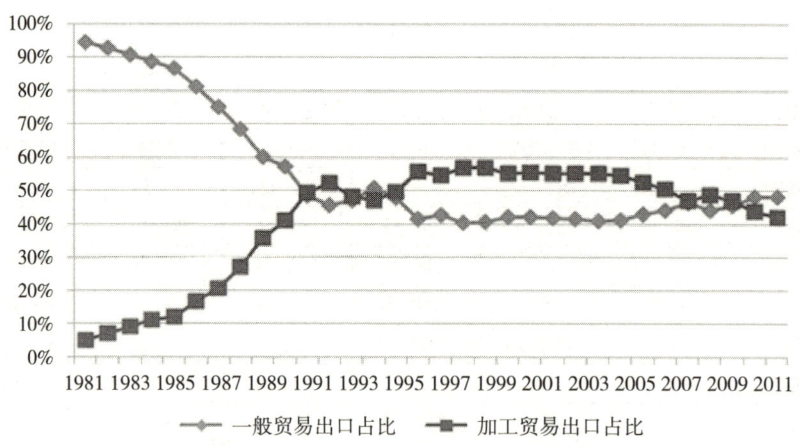

图 3　1981—2011 年我国一般贸易与加工贸易出口占比情况

资料来源:根据历年《中国对外经济贸易统计年鉴》整理得到。

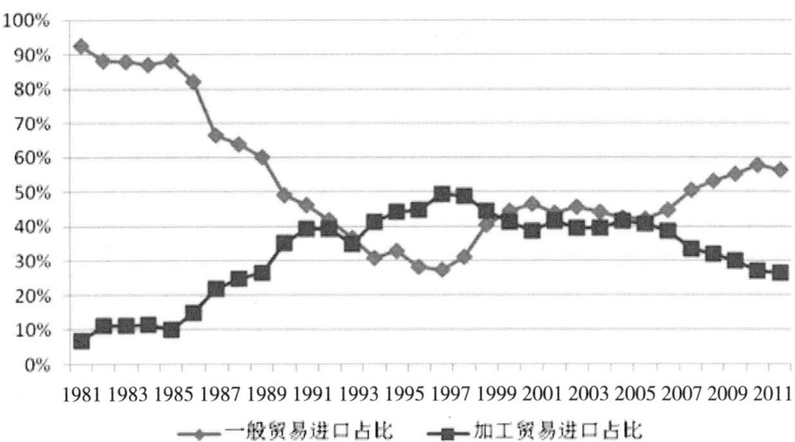

图 4 1981—2011 年我国一般贸易与加工贸易进口占比情况

资料来源:根据历年《中国对外经济贸易统计年鉴》整理得到。

表 6 我国东中西部 GDP 占全国 GDP 的比重

年份	各地区 GDP 占全国 GDP 的比重		
	东部	中部	西部
2000	57.29%	25.58%	17.01%
2001	57.50%	25.41%	16.96%
2002	57.91%	24.92%	17.03%
2003	58.49%	24.57%	16.80%
2004	58.38%	24.72%	16.77%
2005	59.52%	23.37%	16.99%
2006	59.49%	23.18%	17.20%
2007	59.05%	23.36%	17.46%
2008	58.23%	23.64%	18.02%
2009	58.00%	23.66%	18.21%
2010	57.31%	24.06%	18.51%
2011	56.30%	24.48%	19.11%

续表

年份	各地区 GDP 占全国 GDP 的比重		
	东部	中部	西部
2012	55.63%	24.61%	19.63%
2013	55.49%	24.50%	19.89%
2014	55.34%	24.48%	20.05%
2015	55.57%	24.36%	19.92%

资料来源:根据历年《中国统计年鉴》整理得到。

表 7　2000—2015 年东部 GDP 及进出口总额

年份	GDP(亿元人民币)	出口(万美元)	进口(万美元)
2000	55690	22687764	20994231
2001	61393	24393635	22608629
2002	68056	29887991	27500804
2003	79283	40230728	38415255
2004	95306	54671466	52260775
2005	118575	70324222	61592815
2006	138502	89066975	73731288
2007	165194	111077303	88246945
2008	194085	128458529	103654969
2009	211887	109445738	91553136
2010	250488	142152387	126483880
2011	293581	167472322	155998476
2012	320738	175900141	161616787
2013	351978	187004801	172711785
2014	378727	194334257	171171477
2015	401652	190388450	146480112

资料来源:根据历年《中国统计年鉴》整理得到。

表 8 2000—2015 年中部 GDP 及进出口总额

年份	GDP(亿元人民币)	出口(万美元)	进口(万美元)
2000	24865	1239831	791173
2001	27125	1311380	967754
2002	29291	1493402	1133672
2003	33301	1967760	1692003
2004	40350	2602474	2250558
2005	46545	3295528	2464797
2006	53967	4414984	3059686
2007	65360	5996824	4192660
2008	78781	8076245	5462931
2009	86443	5511570	5075866
2010	105146	8421556	7503383
2011	127625	11573283	10752516
2012	141909	14097233	11457374
2013	155411	16102868	12325099
2014	167522	18153284	13073324
2015	176097	17786712	11558270

资料来源:根据历年《中国统计年鉴》整理得到。

表 9 2000—2015 年西部 GDP 及进出口总额

年份	GDP(亿元人民币)	出口(万美元)	进口(万美元)
2000	16537	981326	722272
2001	18110	896571	777852
2002	20007	1170093	877611
2003	22770	1612161	1164866
2004	27374	2045596	1604576
2005	33837	2559053	1933656
2006	40055	3389380	2344497
2007	48841	4670813	3148712

续表

年份	GDP（亿元人民币）	出口（万美元）	进口（万美元）
2008	60053	6463776	4132491
2009	66532	5166326	3960656
2010	80901	7124386	5630634
2011	99629	10674199	7579812
2012	113204	14538550	8759443
2013	126141	17465826	9957028
2014	137179	21531642	11663256
2015	143993	19112970	9885375

资料来源：根据历年《中国统计年鉴》整理得到。

表 10　2000—2015 年东部地区主要污染物排放量

年份	工业 SO_2（万吨）	工业废气（亿标立方米）	化学需氧量（万吨）	工业废水（万吨）
2000	681	69375	2526518	939274
2001	652	83947	2185002	1046885
2002	647	89084	1993584	1071981
2003	729	100707	1880034	1079315
2004	752	117922	1846986	1155168
2005	856	142010	2150988	1321346
2006	854	173692	2015909	1307334
2007	818	191825	1888694	1322128
2008	751	205922	1605801	1271682
2009	692	212391	1560025	1235460
2010	680	243127	821106	1256751
2011	739	307944	1286768	1260431
2012	696	287010	1251072	1179533
2013	659	304541	1160865	1109043
2014	685	322158	1137839	1093171
2015	552	329042	1054394	1051435

资料来源：根据历年《中国环境统计年鉴》整理得到。

表11　2000—2015年中部地区主要污染物排放量

年份	工业 SO_2（万吨）	工业废气（亿标立方米）	化学需氧量（万吨）	工业废水（万吨）
2000	385	36887	1830263	556004
2001	375	41939	1625102	535888
2002	376	46552	1493773	548939
2003	442	53446	1419144	561094
2004	495	60009	1433346	567059
2005	586	67597	1527294	529095
2006	593	77015	1516757	583734
2007	572	91824	1440622	589618
2008	534	101407	1344652	573272
2009	506	110035	1290328	580149
2010	513	132449	1097313	611559
2011	559	190132	992678	607822
2012	524	173746	915186	612449
2013	503	180539	860079	585542
2014	549	179794	812735	559838
2015	432	178186	790611	515490

资料来源:根据历年《中国环境统计年鉴》整理得到。

表12　2000—2015年西部地区主要污染物排放量

年份	工业 SO_2（万吨）	工业废气（亿标立方米）	化学需氧量（万吨）	工业废水（万吨）
2000	518	31868	2264354	446119
2001	476	34963	1922476	442119
2002	489	39607	1740991	449902
2003	621	44739	1817727	481506
2004	645	59749	1815506	488205

续表

年份	工业 SO_2 （万吨）	工业废气 （亿标立方米）	化学需氧量 （万吨）	工业废水 （万吨）
2005	727	59366	1867980	534528
2006	786	80271	1870510	510088
2007	750	104506	1780397	553891
2008	706	96524	1624541	570633
2009	668	113625	1545691	527307
2010	672	143576	1402241	421207
2011	719	176320	1267533	440128
2012	692	174649	1217357	423522
2013	672	184166	1173106	403414
2014	741	192068	1162041	399988
2015	510	177779	1088609	391165

资料来源：根据历年《中国环境统计年鉴》整理得到。

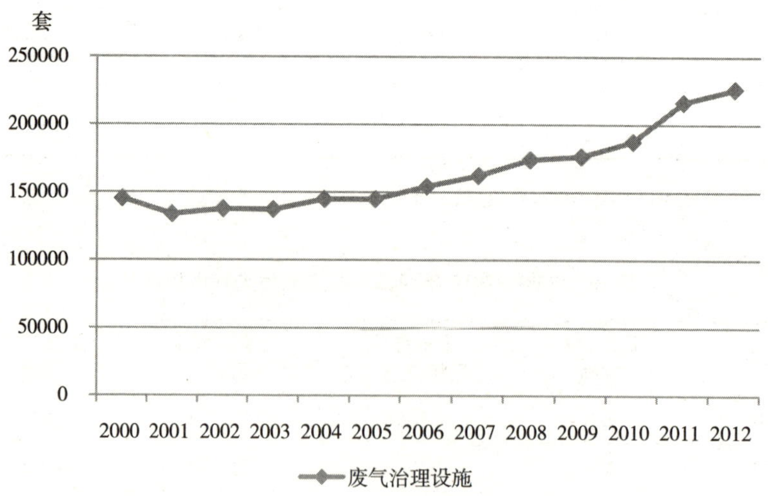

图 5　2000—2012 年我国废气治理设施情况

资料来源：根据历年《中国统计年鉴》及《中国环境统计年鉴》整理得到。

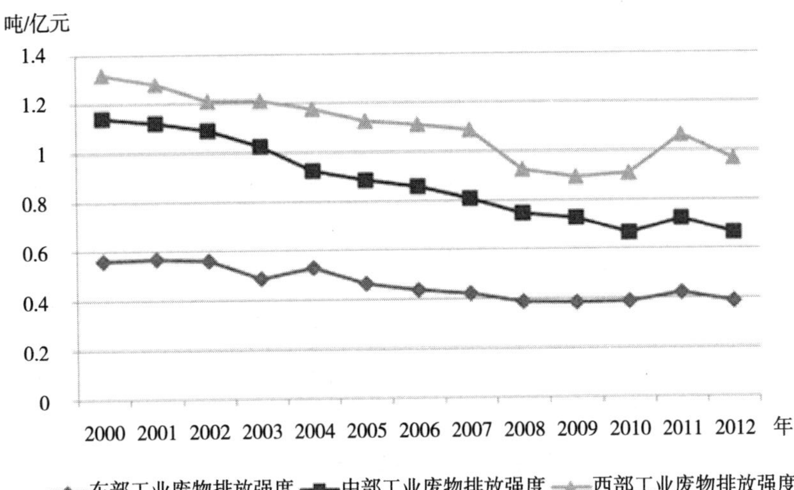

图 6　2000—2012 年我国东中西部工业废物排放强度对比

资料来源：根据历年《中国统计年鉴》及《中国环境统计年鉴》整理得到。

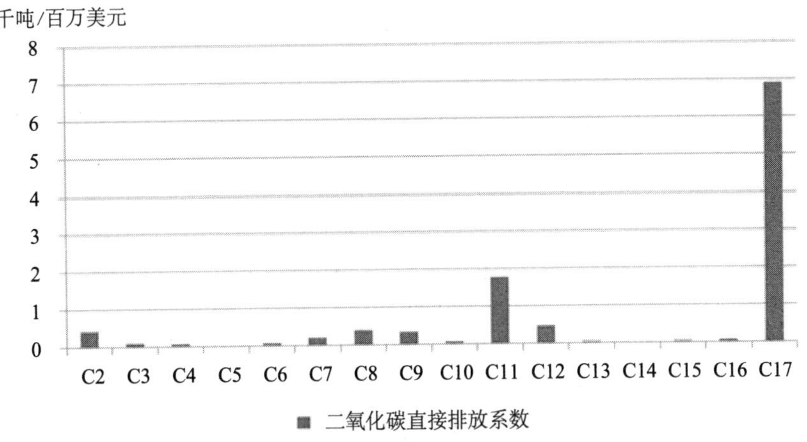

图 7　2009 年我国工业部门污染直接排放系数

资料来源：根据 WIOD 公布的污染物数据整理得到。

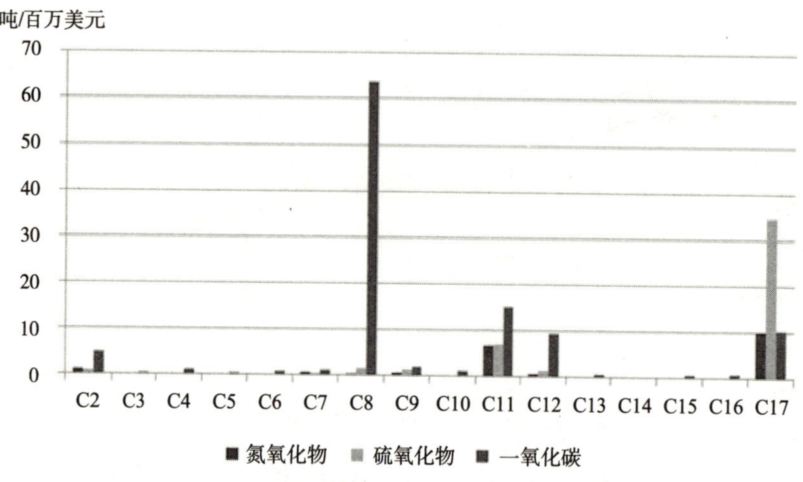

图 8　2009 年我国工业部门污染直接排放系数

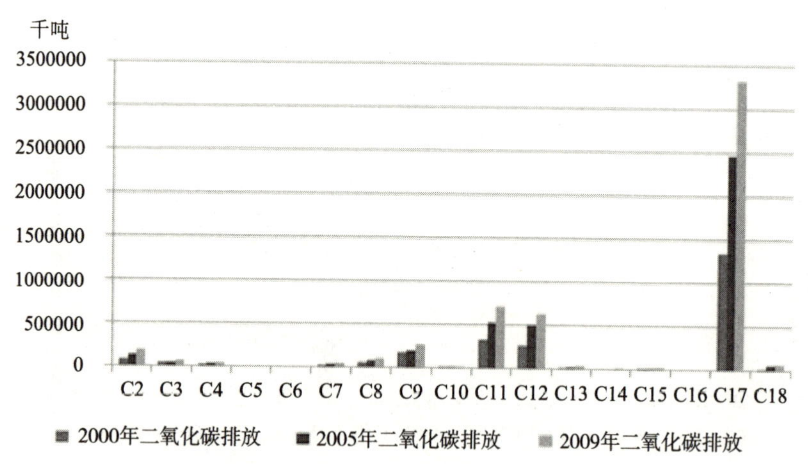

图 9　2000—2009 年各工业部门二氧化碳排放情况

资料来源:根据 WIOD 公布的污染物数据整理得到。

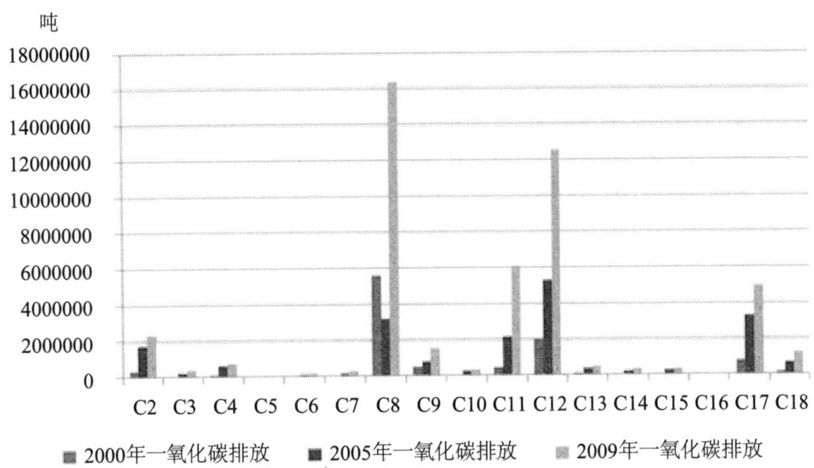

图 10　2000—2009 年各工业部门一氧化碳排放情况

资料来源:根据 WIOD 公布的污染物数据整理得到。

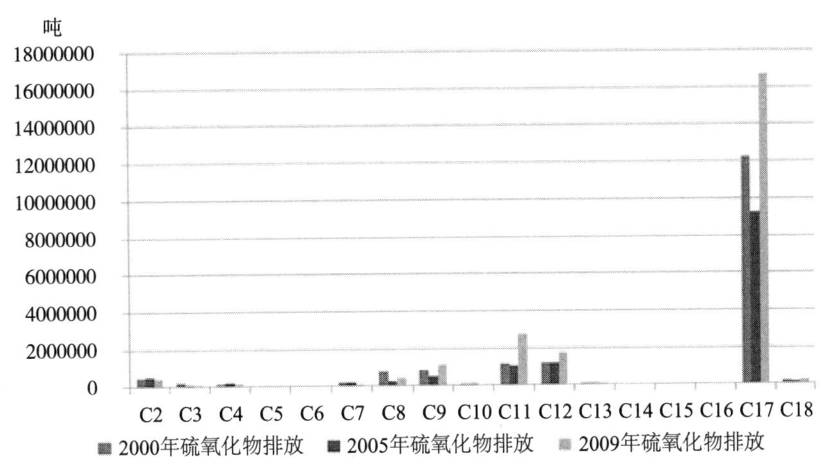

图 11　2000—2009 年各工业部门硫氧化物排放情况

资料来源:根据 WIOD 公布的污染物数据整理得到。

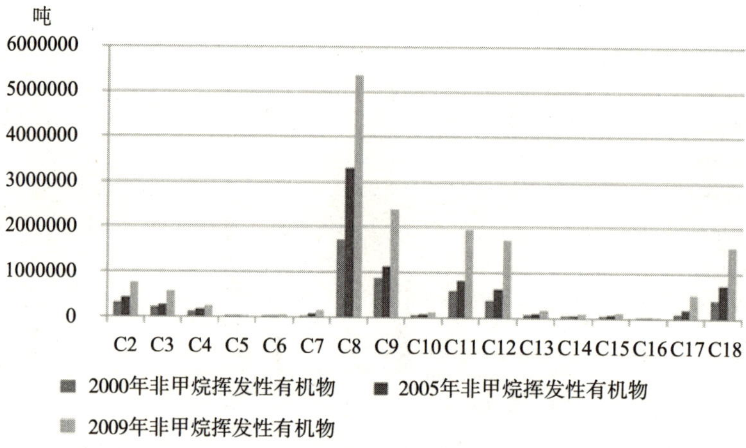

图 12　2000—2009 年各工业部门非甲烷挥发性有机物排放情况

资料来源:根据 WIOD 公布的污染物数据整理得到。

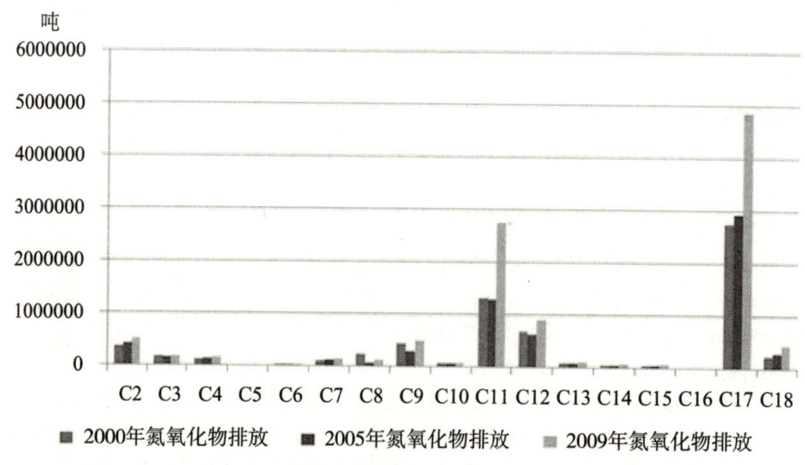

图 13　2000—2009 年各工业部门氮氧化物排放情况

资料来源:根据 WIOD 公布的污染物数据整理得到。

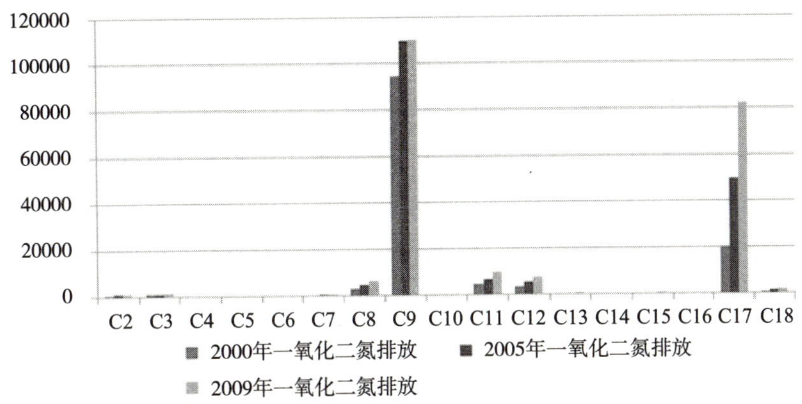

图 14　2000—2009 年各工业部门一氧化二氮排放情况

资料来源：根据 WIOD 公布的污染物数据整理得到。

表 13　我国各工业部门出口额占全国出口总额的比重

部门编号	部　门	2002	2005	2007	2010	2012
1	农业	1.53%	2.53%	0.70%	0.75%	0.07%
2	煤炭开采和洗选业	0.51%	0.11%	0.24%	0.13%	0.14%
3	石油和天然气开采业	0.39%	4.07%	0.18%	0.14%	0.04%
4	金属矿采选业	0.06%	1.36%	0.09%	0.07%	0.09%
5	非金属矿采选业	0.49%	0.66%	0.16%	0.14%	2.05%
6	食品制造及烟草加工业	2.89%	1.96%	2.00%	1.97%	3.79%
7	纺织业	8.79%	4.46%	8.60%	8.03%	7.87%
8	服装皮革羽绒及其制品业	8.97%	1.59%	5.94%	5.18%	2.65%
9	木材加工及家具制造业	2.15%	0.71%	2.54%	2.41%	4.09%
10	造纸印刷及文教用品制造业	3.19%	2.10%	2.37%	2.03%	0.86%
11	石油加工、炼焦及核燃料加工业	0.85%	1.93%	0.80%	0.73%	7.23%

续表

部门编号	部门	2002	2005	2007	2010	2012
12	化学工业	7.03%	13.32%	7.58%	8.44%	1.96%
13	非金属矿物制品业	1.35%	0.73%	1.55%	1.70%	3.26%
14	金属冶炼及压延加工业	1.49%	6.41%	5.40%	3.27%	3.14%
15	金属制品业	3.44%	2.01%	3.72%	3.09%	7.79%
16	通用、专用设备制造业	4.22%	11.64%	6.00%	6.40%	4.28%
17	交通运输设备制造业	2.11%	3.72%	3.44%	4.56%	7.85%
18	电气、机械及器材制造业	6.57%	6.18%	7.14%	8.30%	22.02%
19	通信设备、计算机及其他电子设备制造业	16.05%	20.66%	22.38%	21.56%	1.29%
20	仪器仪表及文化办公用品机械制造业	4.79%	5.98%	3.39%	3.23%	0.40%
21	其他制造业	1.36%	0.37%	1.37%	1.54%	0.06%
22	废品废料	0.02%	0.11%	0.03%	0.00%	0.00%
23	电力、热力的生产和供应业	0.17%	0.04%	0.07%	0.07%	0.00%
24	燃气生产和供应业	0.00%	0.00%	0.00%	0.00%	0.57%
25	水的生产和供应业	0.00%	0.00%	0.00%	0.00%	0.07%
26	建筑业	0.34%	0.30%	0.43%	0.88%	0.14%

资料来源:根据投入产出表进出口贸易数据整理得到。

表 14　我国各工业部门进口额占全国进口总额的比重

部门编号	部门	2002	2005	2007	2010	2012
1	农业	2.53%	2.83%	3.15%	4.04%	1.49%
2	煤炭开采和洗选业	0.11%	0.19%	0.26%	1.29%	11.71%
3	石油和天然气开采业	4.07%	1.83%	7.79%	8.44%	6.89%
4	金属矿采选业	1.36%	3.56%	5.51%	7.28%	0.32%
5	非金属矿采选业	0.66%	0.62%	0.41%	0.31%	2.77%

续表

部门编号	部　门	2002	2005	2007	2010	2012
6	食品制造及烟草加工业	1. 96%	1. 58%	2. 14%	2. 39%	0. 77%
7	纺织业	4. 46%	2. 39%	1. 11%	0. 95%	0. 91%
8	服装皮革羽绒及其制品业	1. 59%	0. 97%	0. 82%	0. 75%	0. 42%
9	木材加工及家具制造业	0. 71%	0. 43%	0. 37%	0. 46%	1. 21%
10	造纸印刷及文教用品制造业	2. 10%	1. 64%	1. 12%	1. 02%	2. 36%
11	石油加工、炼焦及核燃料加工业	1. 93%	6. 34%	1. 96%	2. 05%	10. 09%
12	化学工业	13. 32%	12. 39%	12. 30%	11. 71%	0. 58%
13	非金属矿物制品业	0. 73%	0. 48%	0. 51%	0. 57%	7. 34%
14	金属冶炼及压延加工业	6. 41%	5. 39%	5. 84%	5. 05%	0. 67%
15	金属制品业	2. 01%	1. 57%	0. 79%	0. 71%	7. 32%
16	通用、专用设备制造业	11. 64%	8. 89%	9. 52%	9. 52%	4. 93%
17	交通运输设备制造业	3. 72%	2. 76%	4. 06%	5. 87%	3. 27%
18	电气、机械及器材制造业	6. 18%	5. 28%	4. 64%	4. 19%	19. 68%
19	通信设备、计算机及其他电子设备制造业	20. 66%	21. 80%	22. 02%	17. 40%	2. 38%
20	仪器仪表及文化办公用品机械制造业	5. 98%	7. 97%	5. 31%	4. 92%	1. 91%
21	其他制造业	0. 37%	0. 14%	0. 30%	3. 50%	0. 02%
22	废品废料	0. 11%	1. 26%	1. 90%	0. 00%	0. 00%
23	电力、热力的生产和供应业	0. 04%	0. 04%	0. 02%	0. 02%	0. 00%
24	燃气生产和供应业	0. 00%	0. 00%	0. 00%	0. 00%	0. 19%
25	水的生产和供应业	0. 00%	0. 00%	0. 00%	0. 00%	1. 49%
26	建筑业	0. 30%	0. 22%	0. 30%	0. 34%	11. 71%

资料来源：根据投入产出表进出口贸易数据整理得到。

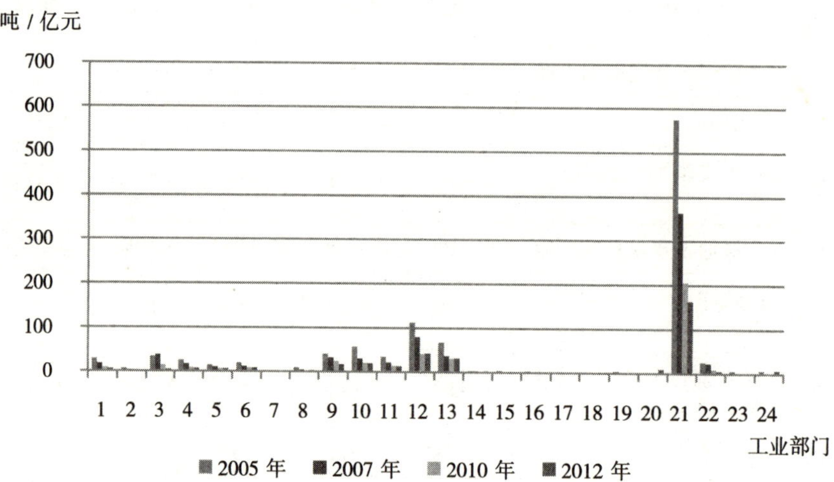

图 15　2005—2012 年我国各工业部门 SO_2 直接排放系数对比

资料来源:根据我国 2005—2012 年投入产出表及污染排放数据计算得到。

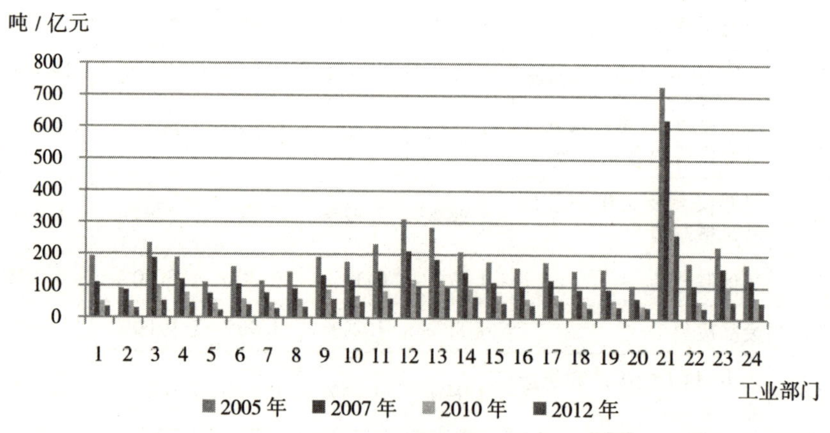

图 16　2005—2012 年我国各工业部门 SO_2 完全排放系数对比

资料来源:根据我国 2005—2012 年投入产出表及污染排放数据计算得到。

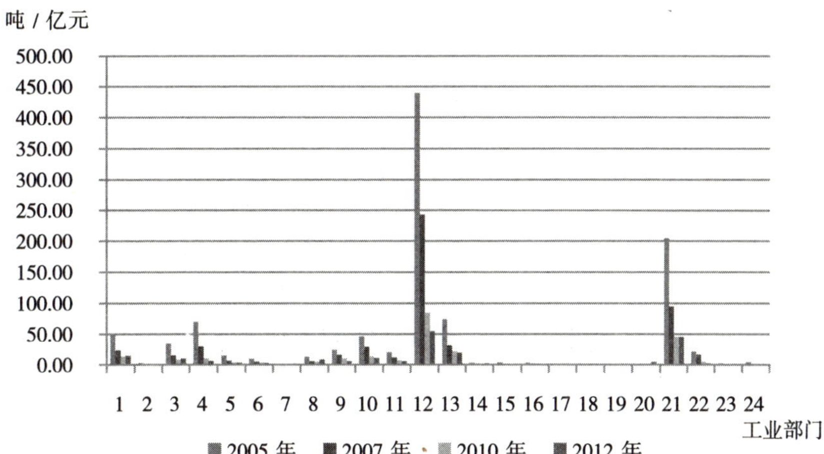

图 17　2005—2012 年我国各工业部门烟粉尘直接排放系数对比

资料来源：根据我国 2005—2012 年投入产出表及污染排放数据计算得到。

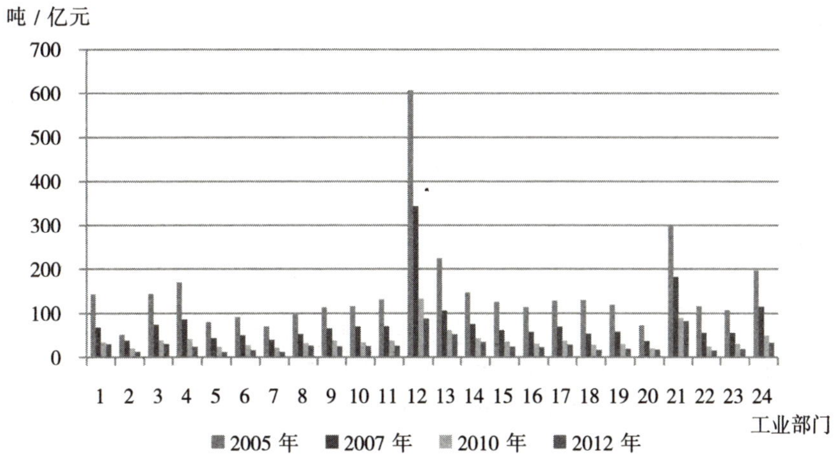

图 18　2005—2012 年我国各工业部门烟粉尘完全排放系数对比

资料来源：根据我国 2005—2012 年投入产出表及污染排放数据计算得到。

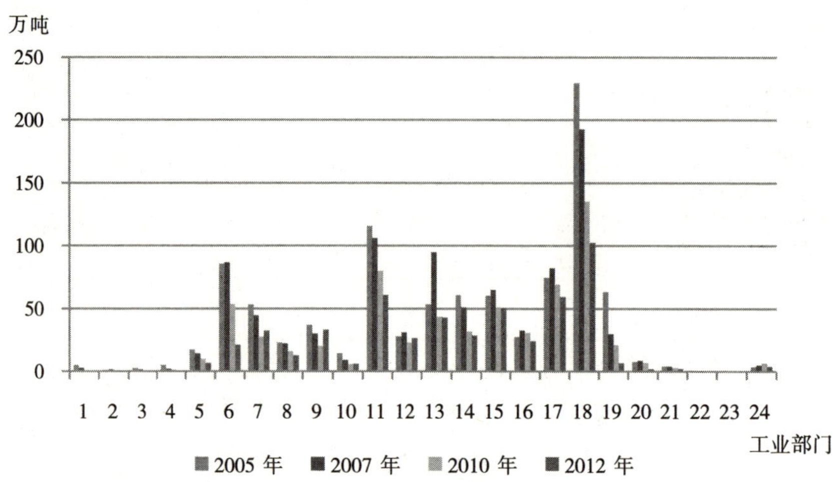

图 19　2005—2012 年我国工业部门出口含污量——二氧化硫

资料来源:根据我国 2005—2012 年投入产出表及污染排放数据计算得到。

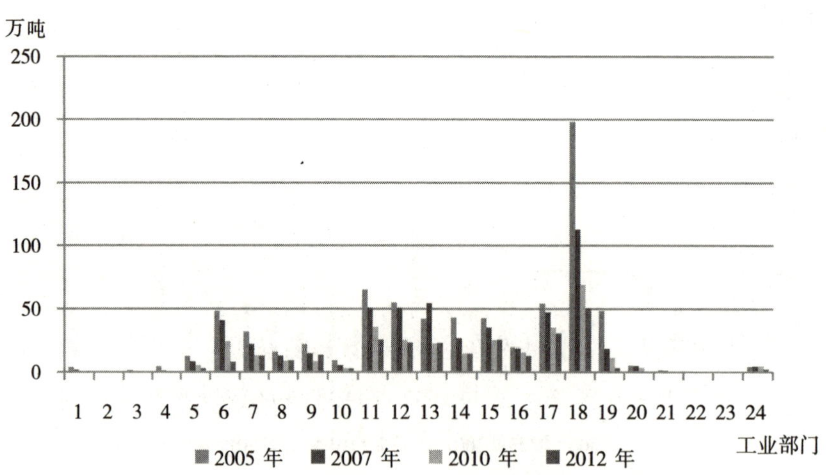

图 20　2005—2012 年我国工业部门出口含污量——工业烟粉尘

资料来源:根据我国 2005—2012 年投入产出表及污染排放数据计算得到。

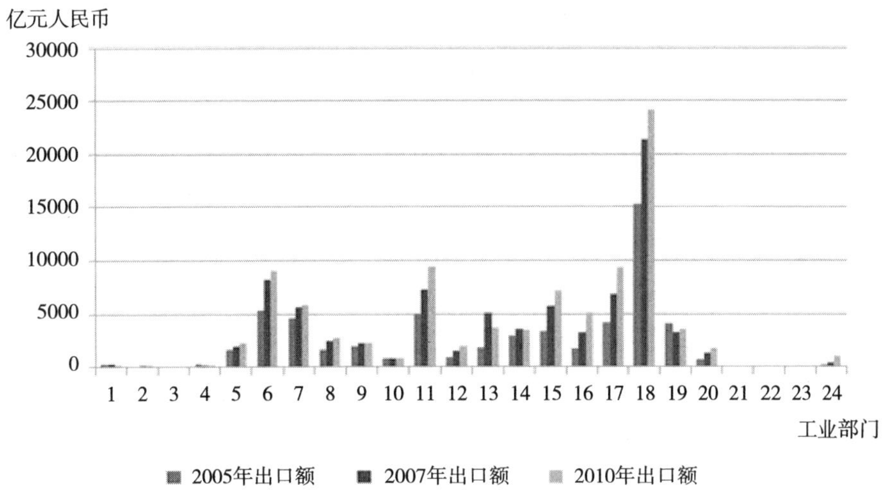

图21　2005—2010年我国工业部门出口规模

资料来源:根据我国2005—2012年投入产出表及污染排放数据计算得到。

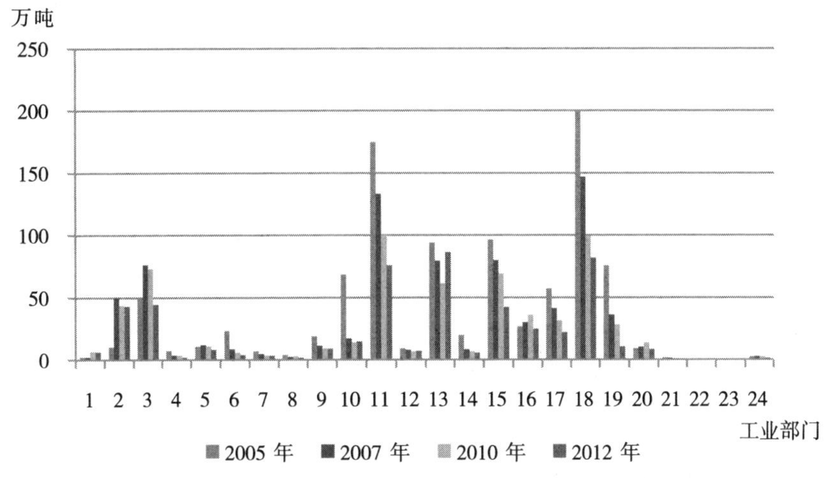

图22　2005—2012年我国工业部门进口含污量——二氧化硫

资料来源:根据我国2005—2012年投入产出表及污染排放数据计算得到。

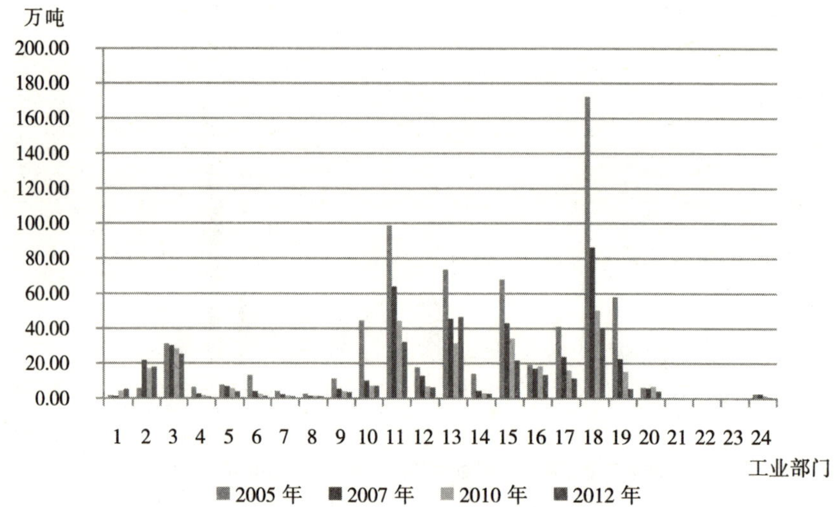

图 23　2005—2012 年我国工业部门进口含污量——工业烟粉尘

资料来源:根据我国 2005—2012 年投入产出表及污染排放数据计算得到。

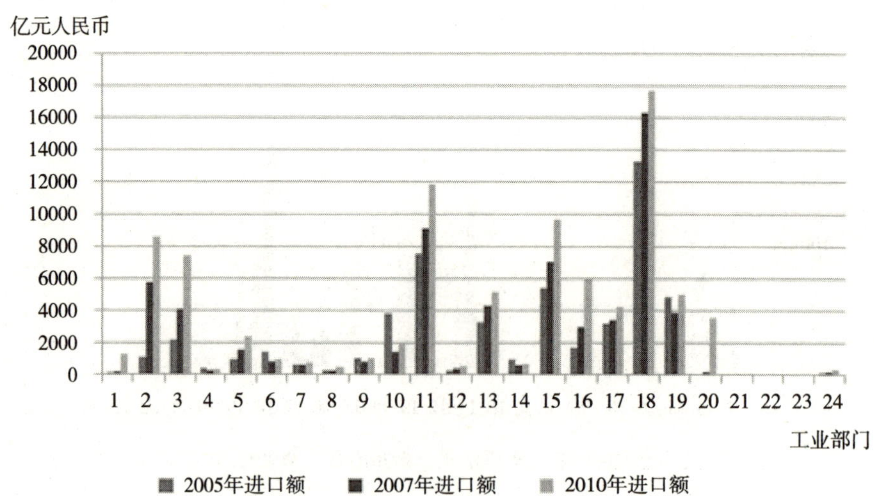

图 24　2005—2010 年我国工业部门进口规模

资料来源:根据中国投入产出表、污染和贸易数据计算得到。

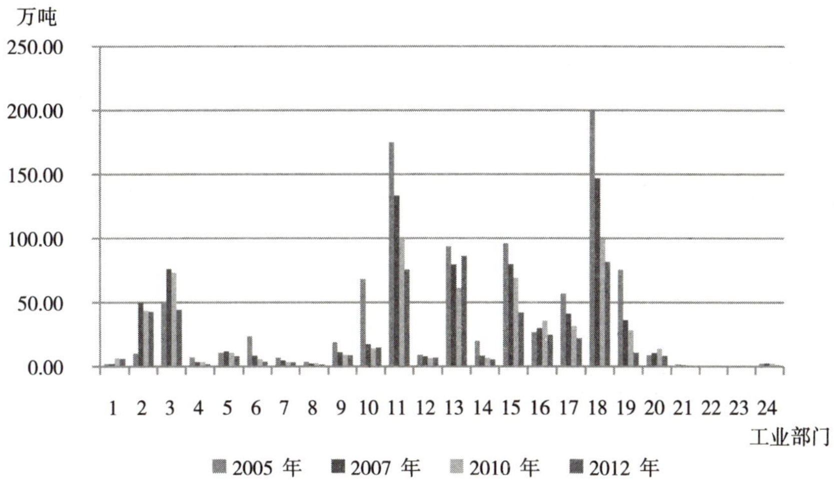

图 25 2005—2012 年我国工业部门净出口含污量——二氧化硫

资料来源:根据我国 2005—2012 年投入产出表及污染排放数据计算得到。

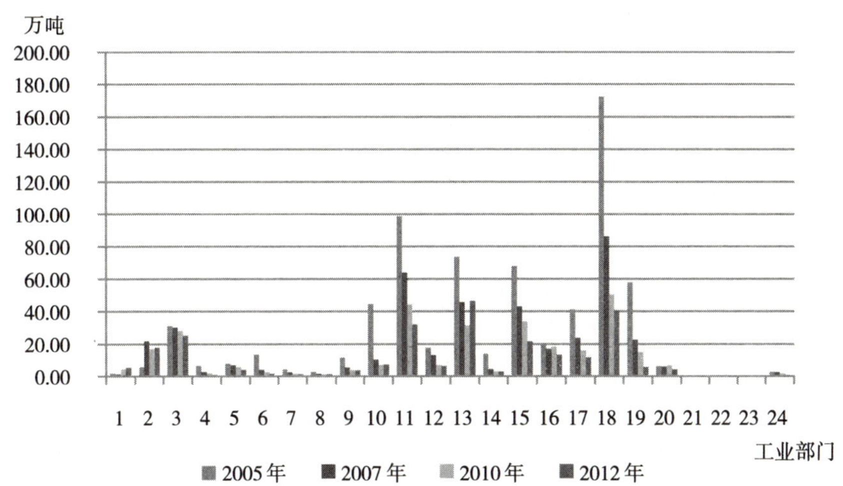

图 26 2005—2012 年我国工业部门净出口含污量——工业烟粉尘

资料来源:根据我国 2005—2012 年投入产出表及污染排放数据计算得到。

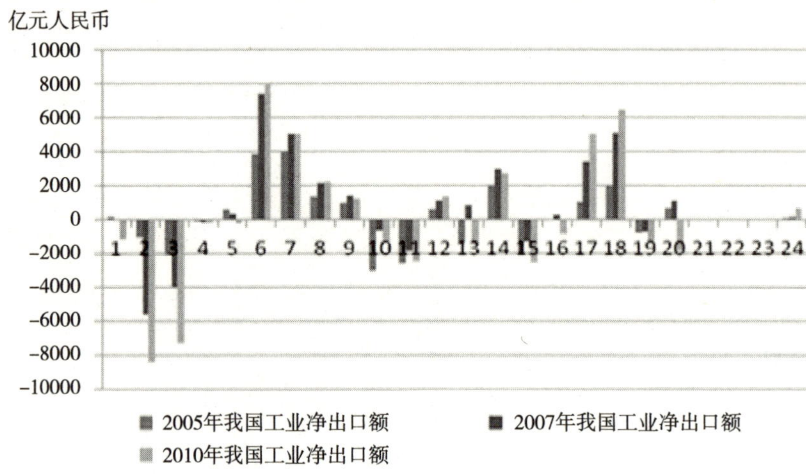

图 27　2005—2010 年我国工业部门净出口规模

资料来源:根据进出口贸易数据绘制得到。

表 15　2000—2011 年中美日韩石油消耗情况

（单位:百万吨标准油）

年份	中国	美国	日本	韩国
2001	884	228	247	104
2002	885	248	243	105
2003	901	272	249	106
2004	937	319	241	105
2005	940	328	244	105
2006	931	351	237	105
2007	929	369	229	108
2008	876	376	221	103
2009	833	388	198	104
2010	850	438	200	106
2011	834	462	201	106

资料来源:根据 WIOD 公布的能源消耗数据整理得到。

表 16　2000—2011 年中美日韩天然气消耗情况

（单位：百万吨标准油）

年份	中国	美国	日本	韩国
2001	25	574	67	19
2002	26	594	65	21
2003	31	575	72	22
2004	36	577	69	26
2005	42	569	71	27
2006	51	560	75	29
2007	63	597	81	31
2008	73	601	84	32
2009	81	590	79	31
2010	97	611	85	39
2011	118	626	95	42

资料来源：根据 WIOD 公布的能源消耗数据整理得到。

表 17　2000—2011 年中美日韩煤炭消耗情况

（单位：百万吨标准油）

年份	中国	美国	日本	韩国
2001	721	552	103	46
2002	760	552	107	49
2003	900	562	112	51
2004	1066	566	121	53
2005	1186	574	121	55
2006	1318	566	119	55
2007	1393	573	125	60
2008	1441	564	129	66
2009	1579	496	109	69
2010	1676	526	124	76
2011	1839	502	118	79

资料来源：根据 WIOD 公布的能源消耗数据整理得到。

表 18　2000—2011 年中美日韩一次能源消耗情况

（单位：百万吨标准油）

年份	中国	美国	日本	韩国
2001	1041	2260	513	194
2002	1106	2295	510	203
2003	1277	2302	511	210
2004	1512	2349	522	214
2005	1659	2351	527	221
2006	1832	2333	528	223
2007	1951	2373	523	232
2008	2042	2320	515	236
2009	2210	2206	474	237
2010	2403	2278	503	256
2011	2613	2269	478	263

资料来源：根据 WIOD 公布的能源消耗数据整理得到。

表 19　2000—2009 年我国主要工业部门对美出口贸易含污量——硫氧化物

（单位：万吨）

部门＼年份	2000	2001	2002	2003	2004	2005	2006	2007	2008	2009
C1	0.16	0.15	0.17	0.17	1.12	1.65	2.24	2.22	1.92	1.96
C2	0.24	0.20	0.18	0.29	0.46	0.61	0.70	0.72	1.07	0.46
C3	1.89	1.79	2.00	2.29	7.22	10.84	14.48	14.56	11.63	10.86
C4	10.81	10.02	10.24	13.00	20.39	29.34	33.42	32.30	22.90	19.64
C5	4.32	4.25	4.74	5.48	9.95	12.24	13.77	11.84	9.16	8.57
C6	0.72	0.57	0.50	0.57	0.78	0.91	0.95	0.85	0.69	0.56
C7	1.34	1.24	1.34	1.41	1.57	1.69	1.78	1.54	1.70	1.60
C8	0.98	0.59	0.68	0.54	0.51	0.48	0.39	0.38	0.58	0.32
C9	3.79	2.94	3.33	4.81	4.70	5.02	4.56	5.01	6.58	5.82
C10	2.91	2.52	2.54	3.09	3.02	3.33	3.32	3.12	3.57	3.36
C11	4.29	3.25	2.54	2.93	2.11	1.76	1.42	1.29	1.77	1.52
C12	5.42	4.63	4.51	5.55	4.37	4.26	3.73	3.72	4.61	3.85

续表

部门\年份	2000	2001	2002	2003	2004	2005	2006	2007	2008	2009
C13	6.22	6.85	8.12	10.92	9.35	9.76	9.17	10.10	12.74	10.25
C14	20.24	19.02	22.71	32.33	24.07	28.18	29.66	31.03	38.67	39.05
C15	4.32	3.80	4.12	5.41	5.64	5.83	5.59	5.62	6.47	5.37
C16	6.11	6.79	9.43	9.33	8.08	8.42	9.46	9.59	9.27	8.63
C2—C16	73.76	68.60	77.16	98.14	103.33	124.30	134.66	133.90	133.32	121.82
C17—C35	19.96	19.76	21.12	22.89	25.35	29.02	31.09	30.62	38.33	33.57
C1—C35	93.72	88.36	98.28	121.03	128.69	153.32	165.74	164.52	171.65	155.40

资料来源:根据 WIOD 世界投入产出表和污染数据计算得到。

表 20　2000—2009 年我国主要工业部门自美进口贸易含污量——硫氧化物

(单位:万吨)

部门\年份	2000	2001	2002	2003	2004	2005	2006	2007	2008	2009
C1	0.16	0.16	0.15	0.15	0.19	0.16	0.16	0.16	0.17	0.19
C2	0.00	0.00	0.00	0.00	0.00	0.00	0.00	0.00	0.00	0.00
C3	0.25	0.25	0.21	0.26	0.29	0.29	0.33	0.44	0.57	0.55
C4	0.07	0.08	0.08	0.09	0.07	0.08	0.08	0.08	0.10	0.10
C5	0.02	0.02	0.02	0.02	0.02	0.02	0.02	0.02	0.02	0.02
C6	0.00	0.00	0.00	0.00	0.00	0.00	0.00	0.00	0.00	0.00
C7	0.02	0.02	0.01	0.01	0.01	0.01	0.01	0.02	0.02	0.02
C8	0.01	0.01	0.02	0.01	0.02	0.01	0.01	0.02	0.02	0.02
C9	0.16	0.15	0.16	0.18	0.20	0.22	0.23	0.28	0.28	0.28
C10	0.02	0.02	0.02	0.02	0.02	0.02	0.02	0.03	0.03	0.03
C11	0.03	0.03	0.03	0.02	0.02	0.02	0.02	0.01	0.02	0.01
C12	0.04	0.05	0.04	0.05	0.05	0.06	0.06	0.07	0.07	0.09
C13	0.26	0.31	0.28	0.31	0.31	0.33	0.34	0.38	0.52	0.46
C14	0.34	0.44	0.29	0.29	0.27	0.26	0.25	0.30	0.29	0.30
C15	0.13	0.20	0.14	0.18	0.19	0.26	0.30	0.38	0.35	0.46

续表

部门＼年份	2000	2001	2002	2003	2004	2005	2006	2007	2008	2009
C16	0.02	0.03	0.02	0.03	0.03	0.02	0.02	0.03	0.03	0.03
C2—C16	1.53	1.78	1.49	1.65	1.69	1.77	1.86	2.21	2.49	2.57
C17—C35	0.70	0.80	0.88	0.99	1.25	1.33	1.46	1.69	1.80	1.89
C1—C35	2.23	2.58	2.37	2.65	2.93	3.10	3.32	3.90	4.29	4.46

资料来源:根据 WIOD 世界投入产出表和污染数据计算得到。

表 21　2000—2009 年我国主要工业部门对美贸易净含污量——硫氧化物

（单位:万吨）

部门＼年份	2000	2001	2002	2003	2004	2005	2006	2007	2008	2009
C1	0.00	-0.02	0.01	0.02	1.01	1.51	2.03	2.05	1.67	1.84
C2	0.22	0.22	0.16	0.30	0.46	0.59	0.75	0.73	1.08	0.49
C3	1.64	1.54	1.79	2.02	6.93	10.58	14.19	14.11	11.03	10.23
C4	10.75	9.90	10.16	12.90	20.33	29.29	33.40	32.18	22.71	19.32
C5	4.30	4.21	4.72	5.46	9.94	12.23	13.78	11.81	9.11	8.50
C6	0.72	0.56	0.49	0.55	0.78	0.90	0.93	0.81	0.64	0.50
C7	1.31	1.17	1.28	1.35	1.52	1.65	1.72	1.48	1.61	1.50
C8	0.97	0.58	0.66	0.52	0.50	0.47	0.38	0.37	0.57	0.31
C9	3.69	2.80	3.17	4.63	4.53	4.82	4.38	4.73	6.17	5.40
C10	2.87	2.46	2.51	3.05	3.01	3.31	3.30	3.08	3.48	3.21
C11	4.26	3.21	2.52	2.91	2.11	1.76	1.43	1.27	1.71	1.44
C12	5.20	4.26	4.18	5.16	4.04	3.97	3.38	3.23	3.80	3.03
C13	5.98	6.46	7.79	10.55	9.05	9.42	8.83	9.69	12.16	9.54
C14	20.05	18.47	22.39	32.08	23.93	28.04	29.51	30.79	38.41	38.52
C15	4.13	3.45	4.04	5.24	5.39	5.54	5.23	5.18	5.72	4.37
C16	6.10	6.75	9.41	9.31	8.07	8.42	9.45	9.57	9.22	8.55
C2—C16	72.17	66.05	75.27	96.03	100.60	120.99	130.64	129.04	127.42	114.91
C17—C35	19.20	18.89	20.17	21.81	24.02	27.58	29.50	28.81	36.44	31.58
C1—C35	91.37	84.92	95.46	117.86	125.63	150.08	162.17	159.91	165.54	148.33

资料来源:根据 WIOD 世界投入产出表和污染数据计算得到。

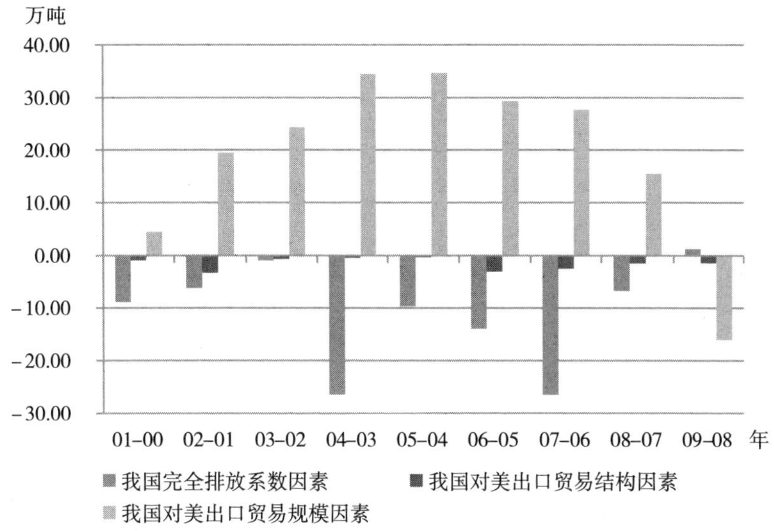

图 28　2000—2009 年我国对美出口贸易含污量因素分解

资料来源:根据中美增加值出口含污计算得到。

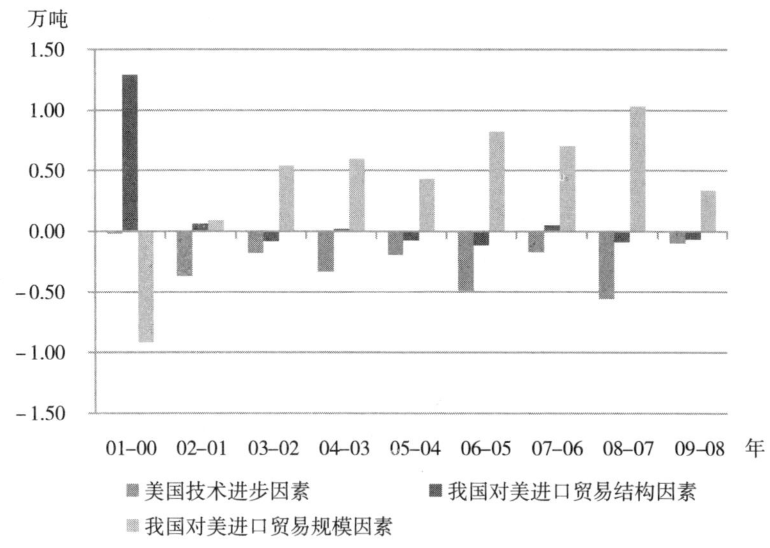

图 29　2000—2009 年我国对美进口贸易含污量因素分解

资料来源:根据中美增加值进口含污计算得到。

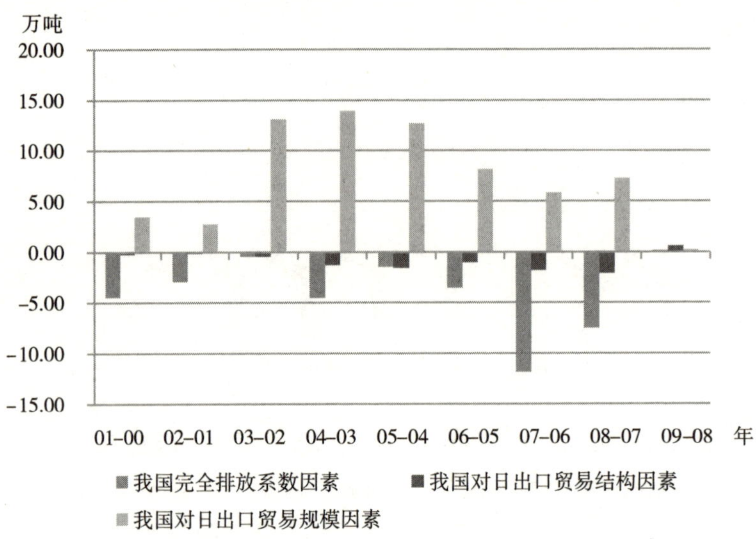

图 30　2000—2009 年我国对日本出口贸易含污量因素分解

资料来源：根据中日增加值出口含污计算得到。

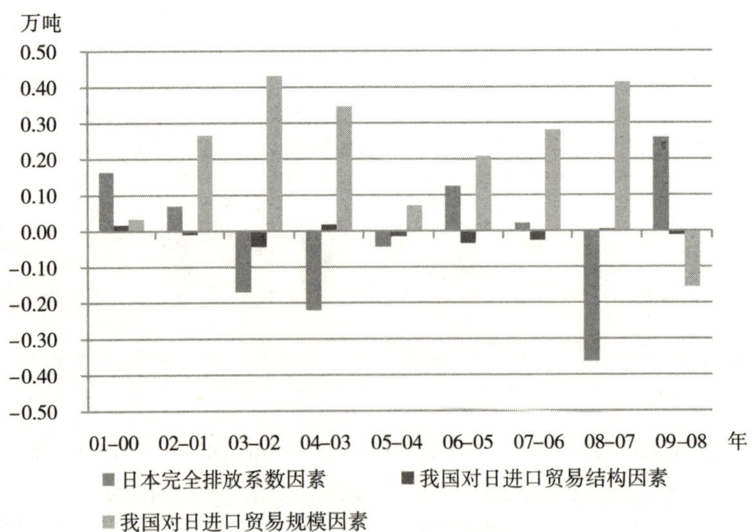

图 31　2000—2009 年我国自日本进口贸易含污量因素分解

资料来源：根据中日增加值进口含污计算得到。

后　记

在本书写作过程中，得到了很多个人和机构的帮助，在此表示感谢。首先，感谢吉林大学经济学院多位授业恩师的教诲，特别感谢博士生导师李冬教授和硕士生导师池晶教授对我的悉心培养。感谢我的同窗好友李迎旭、成丹、孙晓华提出的中肯而宝贵的建议，与这些同窗好友的交谈总能激起我的无限灵感，让我深深感受到他们对知识的执着和渴求。其次，感谢我的工作单位东北电力大学经济管理学院对本书出版的支持；还要感谢亦师亦友的东北电力大学经管学院的陈庆吉教授，陈老师学识渊博，我常常请教陈老师，每每与陈老师讨论总是有豁然开朗之感，不仅如此，陈老师虽年逾花甲但仍旧保持对学术的极大热忱，这使我深受感动和启发；还要感谢郗伟东教授替我分担了诸多繁重的教学任务，使我得以安心写作。再次，本书写作期间，本人作为访问学者到美国犹他州立大学访问，期间得到刘艳旭博士的文献支持，刘老师的认真和执着总是激励着我，是我学习和生活的榜样。最后，感谢我的亲人对我的鼓励和支持。在本书付梓之际，感谢人民出版社的编辑同仁，感谢姜冬红老师不厌其烦的沟通和认真细致的编辑。

对外贸易与环境污染领域的相关问题十分庞大，涉及国际经济学、国际贸易学、环境经济学等多门学科，如今已成为经济学界研究的热点之一，由于本人水平有限，本人只能选择一隅进行探索，肯定存在诸多不足，盼得到各位专家学者同仁的批评和指正。

独孤昌慧

2018 年 9 月

责任编辑:姜冬红

图书在版编目(CIP)数据

我国对外贸易与环境污染问题研究/独孤昌慧 著. —北京:人民出版社,
2018.10
ISBN 978-7-01-019410-3

Ⅰ.①我… Ⅱ.①独… Ⅲ.①对外贸易-关系-环境-污染-研究-中国
Ⅳ.①F752②X508.2

中国版本图书馆 CIP 数据核字(2018)第 115870 号

我国对外贸易与环境污染问题研究

WOGUO DUIWAI MAOYI YU HUANJING WURAN WENTI YANJIU

独孤昌慧 著

人民出版社 出版发行
(100706 北京市东城区隆福寺街 99 号)

北京汇林印务有限公司印刷 新华书店经销

2018 年 10 月第 1 版 2018 年 10 月北京第 1 次印刷
开本:710 毫米×1000 毫米 1/16 印张:11.5
字数:169 千字

ISBN 978-7-01-019410-3 定价:33.00 元

邮购地址 100706 北京市东城区隆福寺街 99 号
人民东方图书销售中心 电话 (010)65250042 65289539